人间馨香万万千，美到极致是书香。

与书相伴，是一种快乐，
　　　　是一种享受，
　　　　更是一种生活的极致！

跋涉耕耘　筑梦教育

蒋笃家　　著

光明日报出版社

图书在版编目（CIP）数据

跋涉耕耘　筑梦教育 / 蒋笃家著. -- 北京：光明
日报出版社，2016.3（2021.8 重印）
ISBN 978 - 7 - 5194 - 0367 - 6

Ⅰ.①跋… Ⅱ.①蒋… Ⅲ.①教育工作—文集 Ⅳ.
①G4-53

中国版本图书馆 CIP 数据核字（2016）第 067616 号

跋涉耕耘　筑梦教育
BASHE GENGYUN　ZHUMENG JIAOYU

著　　者：蒋笃家			
责任编辑：宋　悦		责任校对：张明明	
封面设计：范晓辉		责任印制：曹　净	

出版发行：光明日报出版社

地　　址：北京市西城区永安路 106 号，100050

电　　话：010 - 63169890（咨询），010 - 63131930（邮购）

传　　真：010 - 63131930

网　　址：http：//book. gmw. cn

E - mail：gmcbs@ gmw. cn

法律顾问：北京德恒律师事务所龚柳方律师

印　　刷：三河市华东印刷有限公司

装　　订：三河市华东印刷有限公司

本书如有破损、缺页、装订错误，请与本社联系调换

开　　本：170mm×240mm			
字　　数：253 千字		印　　张：15.5	
版　　次：2016 年 3 月第 1 版		印　　次：2021 年 8 月第 2 次印刷	
书　　号：ISBN 978 - 7 - 5194 - 0367 - 6			

定　　价：49.00 元

序：书卷多情似故人　晨昏忧乐每相亲①

书籍，人类文化遗产的结晶；书籍，人类智慧的仓库；书籍，造就灵魂的工具；书籍，人类进步的阶梯。古往今来，多少人读书手不释卷，目不窥园，不分寒暑，不舍昼夜。为读书，孙敬悬梁，苏秦刺股；为读书，车胤囊萤，孙康映雪；为读书，匡衡借光，江泌映月；为读书，李密牛角挂书，仲舒闭户垂帷……书籍之无穷魅力就在于此，牢牢捆住千千万万学子的赤子之心；古人先哲对书的"痴情"与"眷恋"，以至于斯。细细想来，笔者也是"书痴"一人，少小家贫，蛰居乡里，其时读书，以"跳农门"为目标。师范毕业后当上人民教师之后，"给学生一杯水，老师要有一桶水"，"教然后知不足，学然后知困"，倍感学习之切，读书成为工作之后的第一需要。于是乎，脱产到电大进修，获专科学历；又在自考只欠一门就可以拿到文凭之时，脱产到省教育学院进修，获本科学历；还带职参加湖南师大的语文教学论硕士研究生班学习。诚如颜真卿《劝学》所说："三更灯火五更鸡，正是男儿读书时。黑发不知勤学早，白首方悔读书迟。"为了读书，无论出差到那儿，总要带上几本书回家。于是乎，家里除了生活用品，最多的，就是书籍。为了方便，干脆在房子的南面阳台分开一半，独筑一室，四面皆书。斯是陋室，不足六个平方，然几千册书籍在侧，亦觉书香满屋。工作之余，列坐其中，甚感惬意。"一盏秋灯夜读书，

---

① 本文发表于黑龙江文学艺术界联合会主办的《青年文学家》2015 年 9 月下旬刊（总第 555 期），原标题为《书卷多情似故人》，录此代为序。该刊被中国精品文艺作品期刊文献库、中国知网系列数据库收录。"书卷多情似故人"语出明代于谦的《观书》诗，原诗为："书卷多情似故人，晨昏忧乐每相亲。眼前直下三千字，胸次全无一点尘。活水源流随处满，东风花柳逐时新。金鞍玉勒寻芳客，未信我庐别有春。"

三更有梦书当枕"，其乐融融。回首几十年读书之途，虽然历经"书中自有黄金屋"、"书中自有颜如玉"的功利读书，但最终到达读书是生活的必需，读书是生活乐趣，读书是生活习惯的境界。孔夫子有言："知之者不如好之者，好之者不如乐之者。"将读书扯上了金钱、美女，似乎亵渎了读书的目的。读书本是为了涤荡凡俗、愉悦心性、渊博学识，真正把读书看作一种兴趣，才能乐此不疲，才能如获至宝，才能收获丰硕。

万事莫如为善乐，百花怎比图书香；腹有诗书气自华，最是书香能致远。在这个世界上，比黄金更贵重的，永远是书籍。每当读书取得一点点收获，其惊喜、其成功的愉悦，是没有如此经历的人无法感知的。笔者就读本科时，在恩师陈蒲清教授指导下，万言毕业论文《南宗禅与湖湘文化》发表于湖南省社科院主办的《船山学刊》，文章将湖湘文化的源头前推了300多年，数年来被研究湖湘文化者百余次下载，万余次浏览。闲时每每翻阅，亦如亲晤师面，聆听教诲。记得苏联著名教育家苏霍姆林斯基说："我建议每位教师都来写教育日记，教育日记是一笔巨大的财富。写教育日记让教师终身受益。"叶澜教授也说过："一个教师写一辈子教案不一定成为名师，如果一个教师坚持写三年教育随笔，则有可能成为名师。"诸多教育大家，都有写教育日记的习惯。有益的思考，创新的火花，独特的观点，都是在写教育日记的过程中不自觉地想出来的。笔者虽不是教育大家，然受上述教育大家的感召，也有时时记下生活之中的小感悟的习惯，几年下来，竟有厚厚五本，百万余字，择其自以为精者编成《思考型教师的感悟》，2013年由国家行政学院出版社出版了。捧着散发阵阵油墨香味的著作，真正体会到"一位年迈的父亲捧着十世单传的婴儿"的那种感觉。屈指算来，近年来，见诸刊物的文章也有几十篇。工作之余，独自一人蜗居在小小书屋中，悉心把玩，其惬意，其满足，其恬淡愉悦，又有何人能知?!

岁月忽其不淹兮，春与秋其代序，时光流逝，岁月不言，生命就在一天天的书香濡染中，变得醇厚，变得睿敏。被命运的大书影响过的人，不会轻易被生活打败。贾平凹说："人活在世上，苦也罢，乐也罢，最重要的是心，心中要有一泓清泉。"书籍，就是一泓清泉，他缓缓地趟过我们的心田，让我们的心灵永远不会干涸。

"书卷多情似故人，晨昏忧乐每相亲。眼前直下三千字，胸次全无一点尘。"在与书相伴的日子里，细细品味的是书香、书魂、书音、书韵，静静感受的是怡然、泰然、淡然、超然。在书的世界里，我们可以"宠辱不惊，闲看庭前花开花落"；在书的世界里，我们还可以"去留无意，漫随天外云卷云舒"。

　　人间馨香万万千，美到极致是书香。与书相伴，是一种快乐，是一种享受，更是一种生活的极致！

目 录
CONTENTS

新闻与作文教学 ··· 163

教育思与行 ·· 191

01

教育与学校管理

教育　根本任务是立德树人①

　　教育，民生之本，强国之基；教育改革，突破藩篱，提振信心。在党的十八届三中全会通过的我们党在历史新起点上全面深化改革的纲领性文件《中共中央关于全面深化改革若干重大问题的决定》中，"深化教育领域综合改革"要求："全面贯彻党的教育方针，坚持立德树人，加强社会主义核心价值体系教育，完善中华优秀传统文化教育，形成爱学习、爱劳动、爱祖国活动的有效形式和长效机制，增强学生社会责任感、创新精神、实践能力。强化体育课和课外锻炼，促进青少年身心健康、体魄强健。改进美育教学，提高学生审美和人文素养。"如果说社会主义核心价值体系是兴国之魂，那么，立德树人作为教育的根本任务，就是深化教育领域的综合改革之魂。

　　何谓立德树人？"立德"语出《左传》："太上有立德，其次有立功，其次有立言，虽久不废，此之谓不朽。"意思是，人生最高的境界是立德有德、实现道德理想，其次是事业追求、建功立业，再次是有知识有思想、著书立说。这三者是人生不朽的表现。"树人"语出《管子·权修》："一年之计，莫如树谷；十年之计，莫如树木；终身之计，莫如树人。"这段话说的是我们的先贤已充分认识到培养人才是长远之计。立德树人者，树立德业，给后代做榜样，培养人才之谓也。立德树人的当代内涵就是，教育要围绕国家富强、民族复兴和人民幸福的"中国梦"，培养道德高尚、人格独立、身心健康、信念坚定、全面发展的人才。

---

①　本文发表于中国人民大学主办的由中小学学校管理出版社出版的中国基础教育核心刊物、国家一级教育类学术刊物《中小学学校管理》2015 年第 06 期，原题为《立德树人，教育工作的根本任务》。该刊为中国核心期刊（遴选）数据库收录期刊、中国学术期刊综合评价数据来源期刊、龙源期刊网收录期刊。

如何立德树人？

立德树人，德育首位。习近平总书记《在北京市海淀区民族小学主持召开座谈会时的讲话》（2014 年 5 月 30 日）中说："学校要把德育放在更加重要的位置，全面加强校风、师德建设，坚持教书育人，根据少年儿童特点和成长规律，循循善诱，春风化雨，让社会主义核心价值观的种子在学生们心中生根发芽。""培养什么人、怎样培养人"是教育的永恒主题，是我国社会主义教育事业发展中必须解决好的根本问题。常言说，立人先立德，树人先树品，把立德树人作为教育的根本任务，抓住了教育的实质、核心和本质要求，明确了教育的根本使命，符合教育规律和人才培养规律，也进一步丰富了人才培养的深刻内涵。"立德"之所以被摆在第一位，是因为万事从做人开始，做人是安身立命、为人处世、建功立业的基础。德者才之帅也，道德在一个人的一生中至关重要，高尚的道德是一个人的智慧之源、立身之本、立业之基。立德树人也是我国历代教育家大力倡导的理念，也是我国历代教育共同遵循的理念。孔子就说过："为政以德，譬如北辰，居其所，而众星拱之。"老子在《道德经》中也说："上善若水，厚德载物。"无论是以孔子为代表的儒家思想，还是以老子为代表的道家思想，都将具备高尚的道德情操作为生命的至高境界。立德树人，昭示了我们教育公民、培养建设者和接班人、选拔人才的鲜明导向。在学校工作中，我们所有教育工作者都是德育工作者，完成好立德树人的根本任务，需要不断提升教育工作者的育德意识和育人能力，打造一流德育人才队伍；我们要把理想信念教育作为教育核心价值观的重中之重，把加强思想道德教育作为教育核心价值观的核心要素，把弘扬以爱国主义为核心的民族精神和以改革创新为核心的时代精神作为重要内容，完善中华优秀传统文化教育，引导和教育青少年自觉践行社会主义核心价值体系，树立正确的世界观、人生观、价值观、荣辱观，增强社会责任感。

立德树人，首立师德。胡锦涛同志指出："高尚的师德，是对学生最生动、最具体、最深远的教育。"孔子说过："其身正，不令则行。其身不正，虽令不从。"我们教师若不是路标，纵然你的理论再高，教育的形式再好，艺术性再强，都是无根之木、无源之水。每个教师的一举一动、一言一行、一思一想，都清晰而准确地印在学生的视网膜里、心光屏上，这就是无声路标的示范性，这种示范性将在学生的心灵深处形成一股排山倒海般的内化力、感召力。我们教育工作者的奉献虽然不见什么轰轰烈烈的壮举，但却是用平凡与崇高的师德之光，照亮孩子的心灵。课堂内外的谆谆教诲，一点一滴，潜移默化，日积月累，耳濡目染，久而久之，教师的道德品格便在学生心中生根发芽，开花结果。教育工作者的人生"起始于辛劳，收结于平淡"，教育工作者是卑微平凡的，但更是神圣伟大的，因为，我们正引领孩子去触摸真诚，体味善良，崇尚正直，学会坚强；我们正引领孩子推开一叶叶神奇的窗，打开一扇扇智慧的门；我们展示给孩子的是一个五彩斑斓的新世界。莎士比亚曾经说过："生命短促，只有美德能让他传播到遥远的后世。"我们无法延伸生命的长度，但我们坚信，只要我们对教育痴心不改，对学生播撒爱的雨露，就一定能拓展我们生命的宽度和深度。

立德树人，入心为要。爱因斯坦曾经在名篇《培育独立思考的教育》中谆谆告诫："用专业知识教育人是不够的，通过专业教育，他可以成为一个有用的机器，但是不能成为一个和谐发展的人。"多元的价值观，日新月异的社会，海量信息的包围，让学校的德育工作面临前所未有的挑战和机遇。照本宣科式的德育教育，或许能用分数"考出"高低，但无法将"德"字镌刻在孩子们心头。提高德育工作的科学化水平，是立德树人面临的重要课题。只有切实增强德育工作的针对性、实效性和亲和力、感染力，为孩子健康成长营造良好的环境氛围，才能让社会主义核心价值体系真正入脑入心。今后教育领域中的所有改革，都应致力于教育和帮助学生砥砺品德、陶冶情操，激发历史责任感，树立正确的世界观、人生观、价值观，将个人成长成才与投身实现中华民族复兴中国梦的伟大实践紧密相连。

立德树人，健全人格。教育是塑造人的灵魂的伟大事业，是"心灵与心灵的沟通，灵魂与灵魂的交融，人格与人格的对话"。要培养学生积极的心理品质和乐观向上的品格，让学生学会创造幸福，分享快乐。要关注学生的内心世界，塑造学生纯真完美的心灵。要加强学生心理辅导，注重对学困生、家贫学生、单亲学生、留守儿童、流动人口子女等特殊群体学生的关怀和帮助。要认真发掘学科中所蕴含的健全人格教育资源，将显性教育与隐性教育结合起来，使学生在获取知识的同时，得到人格的滋养与涵育。要高度重视对学生的人文关怀，营造良好的师生关系、生生关系，为培育学生健全人格提供良好氛围。要焕发学生的生命活力，把学生发展从知识层面提升到生命发展层次。

立德树人，全面发展。马克思指出："人以一种全面的方式，也就是说，作为一个完整的人占有自己的本质。"培养全面发展的人是马克思主义的基本观点。英国哲学家洛克说，教育的目的在于完成健全精神与健全身体；联合国教科文组织也一直强调，教育应当促进每个人的全面发展。人的全面发展是人的需要、人的能力、人的个性和人的社会关系的全面发展，培养全面发展的人，更符合教育规律。培养全面发展的人，必须以学生为本，关注学生的全面发展、和谐发展、持续发展、终身发展和健康成长；在坚持德育为先的同时，全面加强和改进智育、体育、美育，全面实施素质教育，坚持文化知识学习与思想品德修养的统一、理论学习与社会实践的统一、全面发展与个性发展的统一，促进德育、智育、体育、美育有机融合，着力培养学生的社会责任感、创新精神和实践能力，提高学生综合素质，使之成为德智体美全面发展的社会主义建设者和接班人。

立德树人，让每个孩子成人成才。学校教给学生的不仅仅是知识技能，更应该是一种理念、一种做人的准则、一种足以支撑学生们走完以后人生之路的精神动力。党的十八大报告提出"让每个孩子都能成为有用之才"，关怀"每个"、培养"每个"，这是对教育战线提出的重大命题，是对教育人才观、质量关的科学阐释，也可称之为我们的教育理想。让每个孩子成人成才，这就要求我们要尊重教育规律和学生身心发展规律，为每个学生提供适合的教育，为每个学生提供公平的受教育机会，满足每个学生的学习需要，促进每个学生都主动地、生动活泼地发展，使每个不同家庭背景、不同智力水平、不同性格志向的学生的潜能都得到充分的发展，获得教育的成功。在学校的教育环节中，教育者不仅关注学生的学业成绩，更关注学生健全人格、高尚情操以及正确世界观、价值观、人生观、荣辱观的培养。在道德教育中，尤其注重继承和发扬中国优秀传统文化。在文化传承上，强调"自强不息、厚德载物"，"品学兼优，德才兼备"；在做人品位上，强调"内铸气质、外塑形象"；在道德践行上，强调"明礼诚信、文明修身"；在行为准则上，强调"男生做谦谦君子、女生做大家闺秀"，"内化于心，外践于行"，要培育学生具有开阔的胸怀、健康的心理和完整的人格，以及乐观向上、坚忍不拔的意志品质。

　　教育关乎为国家和民族培养合格建设者和接班人的千秋大计，立德树人，培养德智体美全面发展的社会主义建设者和接班人，不仅关系国家教育事业的发展，也关系到整个中华民族的未来。让我们把立德树人作为学校的根本任务，一切服务于学生的成人成才，因材施教，分类培养，把每个孩子都培养成为有用之才，努力办好人民满意的教育！

中小学校长"兴校"五题①

中小学校长是师者之师，是学校的一面旗帜，是学校之魂。校长对于学校的重要性，我国著名教育家陶行知先生说："一位好校长就是一所好学校。"在西方有"有怎样的校长，就有怎样的学校；有怎样的学校，就有怎样的学生"的谚语。由此可见，国内外在校长对学校教育作用的认识上是一致的。现实生活中也正是这样：有一位好老师，就出一批好学生；有一位好校长，就有一所好学校。校长是学校的管理者，是学校办学方向的引导者，是党和国家教育方针政策的贯彻者和执行者。在某种意义上讲，校长的素质决定了学的办学水平，决定了学校的教育教学质量，决定了学校的兴衰、生存与发展。优秀的中小学校长，正是凭着自己优良的基本素质搭就的平台，演绎一曲曲学校蒸蒸日上、兴旺发达的华彩乐章。本文欲就中小学校长如何将一所学校振兴为"好学校"做理论上的探讨，求教于方家。

中小学校长如何将一所学校振兴为"好学校"？笔者认为可以从下面五个方面入手。

一、理念兴校

苏霍姆林斯基说："校长领导学校，首先是教育思想上的领导，其次才是行政上的领导。"作为中小学的校长，早出晚归，披星戴月，日理万机，事必躬亲，忙得团团转，精神可嘉，但我们只能深表同情。为什么？因为他没抓准当校长的根本任务，我们只能深表遗憾。校长的根本任务是什么？就是用正确、

---

① 本文发表于由河北教育出版社主办出版的《教育教学论坛》2015年11月刊（第47期，总233期）。该刊被中国知网、万方数据、维普网、龙源网、博看网收录。

科学和先进的教育理念引导全体教师职工，引领学校发展。正因此，人们常说，校长是学校之魂，而决定校长教育行为的办学理念，就是校长的管理之魂。办学理念如此重要，那么中小学校的办学理念应该是什么呢？苏霍姆林斯基说："教学大纲和教科书规定了给予学生的各种知识，但没有规定给予学生最重要的一样东西，这就是：幸福。我们的教育任务应该是：培养真正的人！让每一个自己培养出来的人，都能幸福地度过自己的一生。"我们的教育理念应是：一切为学生的未来服务。学校要以隐性教学为基本点，塑造学生文明向上的人格品质；要以心理教育为切入点，塑造学生健康的心理品质；要以情感教育为着力点，塑造学生高尚的思想情感；要以科学人文知识教育为中心，塑造学生巩固的知识内核；让学生学会认知、学会生存、学会做事、学会沟通、学会合作，把学生培育成德智两全、文理兼通、学创俱能、身心两健的社会主义事业的建设者和接班人。"人"是教育的中心，也是教育的目的；是教育的出发点，也是教育的归宿；人是教育的基础，也是教育的根本。当一个学校或社会开始把"学生的最终发展与幸福"作为办学追求的目标时，学校必将跃上一个更高的发展平台。正确的办学理念，必能端正办学方向，规范办学行为，统一教职工思想，指导学校的教育教学实践，定位学校的品牌形象。

二、管理兴校

说到学校管理，中小学校长都知道的一句话是：向管理要质量。如何做到呢？在学校管理中，拙劣的校长却只是以权压人，以势慢人；优秀的校长管理的学校，工作环境虽严格但有利于教师成长、发挥才干，人际关系公正公平、积极向上又合作和谐，学校人文环境"上下同欲，其乐融融"。学校为教师发挥主动性、创造性留有充足的空间，善于把学校的规章制度内化为教师无形的自律，从而使教职工在学校的各个层次、各项岗位上发挥更大的潜能，达到最优工作效能。要实现科学管理，管理兴校，学校的管理，第一要有明确的目标，第二要有明晰的指标系统和岗位责任，第三要有合理的考核、总结和评价体系，第四要有必要的协调，达到整体的优化。学校要向管理要秩序，向管理要效率，向管理要质量，紧紧围绕"科学＋规范""严格＋真情"的方针狠抓学校内部管理。学校的组织、计划、制度的管理都要形成科学化、规范化、制度化和现代化的管理体系，努力实现从行政管理到制度管理、从粗放型管理到精细型管理的跨越性转变。管理兴校，校长还要注意自己的人格魅力在学校管理上的不可忽视的作用，这个作用的集中表现是教职工对学校决策的心理趋同。这种趋同心态，有利于形成学校的高度团结，学校领导和全体教师职工心往一处想，劲往一处使。团结就是觉悟，团结就是本事，团结就是力量，团结就是胜利！校长的人格魅力使校长为学校真正的领导核心，这不仅是行政上的领导，而且是业务上的领导，更重要的是心态、意识形态上的领导！管人容易，管心难呀，真正管住了教师职工的心，那才是学校管理的最高境界。

三、特色兴校

特色，就是与众不同；特色兴校就是在办学方面，有自己的理念，有自己的思路，校园文化有自己的风格，兴学有自己独特的举措，且为全校师生所认同，形成传统。学校没有特色，就不会有生机；学校特色纷呈，我们的社会主义教育才会生机勃勃，百花齐放，万紫千红。学校要特色兴校，必须扬己之长，避己之短，在学校的办学历史中寻找创建学校特色的契机，千方百计为学校寻找"生机"。有人认为，中小学学校要打造自己的特色，十分困难，其实不然，如上海闸北八中的成功教育，北京一师附小的快乐教育，北京实验二小的"以爱育爱"的师爱教育，北京光明小学的"我能行"自我激励教育，这些学校因其特色，均已成为教育品牌誉满神州。又如深圳市南山实验学校，因为他们学校拥有先进的办学设施，就大力发展信息技术教育而形成特色；苏州市实验小学，大力拓展校外实验基地教育，等等，这些学校无不因校长的远见卓识而走出了自己的成功之路！我们回过头来看上述学校，要论教育资源，他们并不是最好最丰富，但是，他们的校长能因校制宜，灵活地发挥自己的"长项"，有针对性地进行突破，从而都办出了自己的特色，打出了自己的品牌，成为国内名校，他们的成功为我们特色兴校提供了可以借鉴的宝贵经验。

四、科研兴校

人们常说："给学生一杯水，教师要有一桶水。"在新的形势下，教师有"一桶水"远远不够：一是教师的一桶水经过长时间不断地倒给学生，还剩多少？二是处于科学、文化飞速发展的今天，教师仅有"一桶水"够不够？三是即使有了"一桶水"，其水质如何？是白开水还是优质矿泉水？是活水还是死水？四是有了"一桶水"，能否倒满学生的"一杯水"？不掌握教育科学，即使有"一缸水"也无济于事。五是同样倒满学生"一杯水"，有的高投入低产出，有的低投入高产出，这就存在一个效率问题。六是学生的"一杯水"一定得由教师去"倒"吗？教师能否教会学生"取水"，知道"授人以鱼不如授人以渔"，"点金术"才能让学生终身受益。可见，"一桶水"远远满足不了现代教育的要求。教师在新形势下如何进步？只有参加教育科研，才能不断丰富自己的知识，不断改进教学。科研兴校是培育现代教师由教书匠成为教育家的必经之途。从学校层面来说，学校要提高教育教学质量，学校要可持续发展，学校要出特色创品牌，都离不开教育科研。科研兴校，校长要牢固树立"科研是第一生产力"的教育科研理念，积极开展教育科研活动，大力推进科研兴校战略，树立科研为先导的思想，向科研要发展，向科研要效益，向科研要质量。学校的教育科研工作，要有规划、有项目、有目标；有人员、有经费、有条件；有落实、有检查、有验收；有成效、有成果、有奖励。经教育科研，努力造就一支师德高尚、业务精湛的教师队伍，真正达到"学生眼里的教师是一位聪明、博学、善于思考、热爱知识的人"，"为了使学生获得一点知识的亮光，教师应吸进整个光的海洋"（苏霍姆林斯基语）。

五、文化兴校

学校文化是学校可持续发展的动力，是学校培养适应时代要求的高素质人才的内在需要，是学校个性魅力与办学特色的体现，也是学校综合办学水平的重要体现。加强校园文化建设，要按照全面推进素质教育的要求，贯彻党的教育方针，以社会主义荣辱观为导向，以建设优良的校风、教风、学风为核心，以学生为主体，以丰富多彩、积极向上的校园文化活动为载体，以优化、美化校园文化环境为重点，推动形成厚重的校园文化积淀和清新的校园文明风尚。好的校园文化，应该让学生在日常学习生活中接受先进文化的熏陶和文明风尚的感染，在良好的校园人文、自然环境中陶冶情操，促进他们的全面发展和健康成长。文化兴校，除了在理念文化、制度文化、教研文化上创新外，还要努力打造学校物质文化、环境文化、节庆文化、课程文化等等，如改善办学条件，为师生提供舒心惬意的工作、学习环境，"环境无瑕点，处处能说话"。学校的校园布局、环境布置、教学设施、建筑装饰要体现学校的人文特色，产生共鸣；

校园净化，校园绿化，给学生以美的熏陶，教会学生感受美，欣赏美。学校应将教风、学风、校风、校训上墙，写于学校醒目的位置。名人画像、名人雕塑、学校标志性雕塑和励志性名言警句挂于校园适当的位置，时刻督促学生去看看大师们用怎样的思维方法去观察、认识世界，让学生从这些名人身上吸取丰富的养料，"让每面墙壁说话、让每寸土地传情"。校园系列文化活动——升旗仪式、国旗下讲话、防震减灾演练、开学典礼、爱国爱校爱家专题教育、期末表彰等等，都要做到形式新颖，内容充实，具有时代性和挑战性，都要以庄重的气氛，深深影响学生。

苏格拉底有一句名言："世界上最快乐的事，莫过于为理想而奋斗。哲学家告诉我们，'为善至乐'的乐，乃是从道德中产生出来的。为理想而奋斗的人，必将获得这种快乐，因为理想的本质就含有道德的价值。"教育是一门科学，科学需要探索：教育是一门艺术，艺术需要创造：教育是一门事业，事业需要默默地耕耘和无私的奉献！优秀的中小学校长，勇立教育改革潮头，与时俱进，开拓创新，定能干出一番惊天动地的伟业！

新德育养成教育课题的实施与成效[①]

湖南省双牌县第一中学是一所义务教育初中学校，现有 50 个教学班，2616 名学生，学生数约为全县初中生总数的七分之四。学生来自县城及周边乡镇，素质参差不齐，特别是乡镇学生，行为习惯不好。针对这种情况，双牌县第一中学自 2009 年上期起开始实施"新德育养成教育课题"，这所古老的学校焕发了新的青春和活力。

学校为何要实施"新德育养成教育课题"？孔子说："少成若天性，习惯成自然。"巴金也说："孩子成功教育从好习惯培养开始。"著名教育家叶圣陶先生也曾说过："什么是教育？简单一句话，就是要养成习惯。"俗话说："播种行为，收获习惯；播种习惯，收获性格；播种性格，收获命运。"双牌县第一中学的新德育养成教育课题就是以党的教育方针为指针，集养成教育、成功教育、自我教育、赏识教育于一体的良好习惯的培养教育。学校从培养学生习惯入手，全面提高学生的"知、情、意、行"，全面提高学生的思想道德素质，形成良好的行为习惯。

如何开展新德育养成教育课题，学校做了五个方面的工作。一是定规则。学校参照《中学生守则》和《中学生日常行为规范》，制定《双牌县第一中学养成教育学生一日常规》《"德智体美全发展，精彩生活每一天"之双牌县第一中学养成教育自评评分细则》，对学生做操、上课、自习、作业、午休、卫生值

---

① 本文发表于海南出版社主办、教师杂志社 2015 年 3 月 25 日编辑出版的《教师》（总第 240 期）。该刊被中国知网、中国数字化期刊群、中国科技期刊数据库、龙源国际期刊网收录。"新德育养成教育课题"是作者担任双牌一中校长时于 2009 年 9 月至 2014 年 8 月期间开展的德育校本研究课题，曾获县科技进步奖，在 2012 年永州市初中校长年会上做推介，2013 年在湖南省初中校长年会上获省一等奖，收入年会资料向全省推介。

日、上学放学、就餐就寝、阳光体育锻炼、双休日节假日学习、师生交往等方面均做出详细的要求。二是编载体。学校紧扣培育厚德人、勤学人、健康人、文明人、创新人、幸福人的育人目标，组织专业人员、骨干教师自编《新德育养成教育读本暨励志自修日记》校本教材六本，内容分别为厚德篇、勤学篇、健康篇、文明篇、创新篇、幸福篇，学生每期一本，既对学生进行相关的育人目标教育，又要求学生每天写出励志自修日记，记下在学校生活的每一天。如《新德育养成教育读本之厚德篇暨2011年上期励志自修日记》校本教材的编写，学校认为作为"厚德人"的中学生应是合格中学生、合格公民、时代少年、英雄少年、领袖少年，因此紧扣培育"厚德人"的育人目标，《厚德篇》读本内容设计如下：①做合格中学生，学习《中学生守则》和《中学生日常行为规范》；②做合格公民：要爱国守法，明礼诚信，团结友善，勤俭自强，敬业奉献；③做时代少年：要惜时进取，互助合作，个性创新，理财环保；④做英雄少年：要志存高远，勇于担责，顽强抗挫，坚强毅力，疾恶如仇；⑤做领袖少年：要悦纳自信，宽容隐忍，孝顺老人，勤勉表率，正直清廉，有领袖气质。读本设计的励志自修日记，学生记录自己当天的德智体情况外，还对当天的德智体情况作自我评价并量化打分，满分为100分，自我管理、自我监控。为加强对学生自我评价的监管，通学生由家长监督并签名，寄宿学生由班主任监督并签名。三是重激励。班级和学校每月对学生养成教育的情况小结一次，学生在德智体三方面自评、班评、师评均为满分者，学校在校刊《潇湘星苑》上公布名单表扬，且赠一本学校专门印刷的有表奖名单的《奖励本》。全期德智体三方面均为满分者，学校在《学校工作年鉴》上公布表扬名单，以为永久纪念。四是抓落实。为落实新德育养成教育课题实验，学校结合实际，实施每天五线管理，即四名行政领导值日、教师全天候值日、学生会干部值日、专职管理教师值日、课堂学习情况教师评价。值日者依据学校德育工作管理实施细则，分工负责，层层落实。当天检查当天汇总，次日上午9点钟前学校政教处公布。学校还定期或不定期进行环境卫生、教室卫生、宿舍内部摆设、仪容仪表等专项检查，检查结果作为班级考核和学生新德育养成教育评分的重要依据。五是勤反馈。学校建立家校反馈制，促进学生校内外均养成良好习惯。学校构建了"三沟通"管理平台：班主任电话督查、教师家访、家长校访，及时反馈学生在家、在校的养成教育情况。通过情况分析，切实纠正学生的不良习惯，规范学生校内校外一个样，增强学生的自我管理意识和自我约束能力。

桃李芳菲满园春，双牌县第一中学的新德育养成教育课题的实施，开辟了德育工作的新途径，提升了学校德育工作质量，开创了学校德育工作的新局面，促进了学校特色发展，取得了理想的效果。

新德育养成教育有利于学生形成良好的行为习惯。学校对初一新生，入学教育时组织学习《中学生守则》《中学生日常行为规范》《双牌县第一中学养成教育学生一日常规》《"德智体美全发展，精彩生活每一天"之双牌县第一中学养成教育自评评分细则》，讲明做操、上课、自习、作业、卫生值日、上学放学、就餐就寝、午休、阳光体育锻炼、双休日节假日学习、师生交往等方面的要求，且第一个月隆重表彰养成教育优胜者，初一新生能较高起点步入初中生活。每月一激励，有利于学生保持良好的行为习惯。学生在实践活动中不断纠正不良行为，逐步养成良好的行为习惯，形成了积极、主动、乐观、向上地优良道德品质，98%以上的学生达到中学生日常行为规范要求，学校校纪校风校貌焕然一新，学生文明礼貌的程度及思想道德素质有了很大提高，受到了社会的广泛赞誉和各级领导的好评。

新德育养成教育课题给学校带来了优良的校风，优良的校风为学校赢得了诸多荣誉。近年来，双牌县第一中学连年被评为县教学、综治、安全、计生工作先进单位，新德育养成教育课题荣获县首届科学技术进步奖三等奖，学校被评为"湖南省安全文明校园"、"湖南省防震减灾科普教育示范学校"、"湖南省2009 - 2012 年社会管理综合治理先进单位"、"湖南省中小学教育培训基地学校"、"湖南省气象科普示范学校"、"湖南省青少年思想道德教育先进单位"。

"新德育养成教育课题"解读[①]

一、课题 让这所普普通通的学校创造了奇迹

在湖南省南部潇水中游有一个人口仅 20 万人的全国重点林区县——双牌县，这里的县一中本是一所完全中学，2008 年县城学校布局调整：高中部剥离，县四中并入 90 名教师 1200 名学生，学校成为县城及周边乡镇学生就读的有 50 个教学班 210 名在职教师职工 2500 名学生的义务教育初中学校，学校学生数为全县初中学生总数的 4/7。然而，就是这样一所县城及周边乡镇的学生全部就读的学生生源不见任何优势的普普通通的初中学校，却在学校合并后的短短六年的时间里，多次被评为县教学、综治、安全、计生工作先进单位，还被评为"湖南省安全文明校园"、"湖南省防震减灾科普教育示范学校"、"湖南省 2009－2012 年社会管理综合治理先进单位"、"湖南省气象科普示范学校"、"湖南省青少年思想道德教育先进单位"。2014 年学校被湖南省教育厅评聘为"湖南省中小学教师培训基地学校"，2014 年 10 月成功承办了"国家级骨干教师"的培训工作。

是什么让这所古老的学校焕发了新的青春和活力？是什么让学校快速形成优良的校纪校风，让学校迈上快速发展的良性轨道？是学校从 2009 年上期开始实施"新德育养成教育课题"。

---

① 本文发表于广东农垦集团公司主办、广东智富时代出版传媒有限公司编辑出版的《智富时代》2015 年 10 月刊（新编 B364 号）。该刊为广东省优秀期刊，中国知网、龙源国际期刊网、万方数据网、维普网、中国精品文化期刊文献库收录。

二、教育　就是要培养良好的习惯

俗话说："播种行为，收获习惯；播种习惯，收获性格；播种性格，收获命运。"著名教育家叶圣陶先生也曾说过："什么是教育？简单一句话，就是要养成习惯。"孔子说："少成若天性，习惯成自然。"巴金也说："孩子成功教育从好习惯培养开始。"湖南省双牌县第一中学的"新德育养成教育课题"，就是以党的教育方针为指南，集养成教育、成功教育、自我教育、赏识教育于一体的良好习惯的养成教育。学校从培养学生习惯入手，全面提高学生的"知、情、意、行"，全面提高学生的思想道德素质，形成良好的行为习惯。

三、编辑教材　课题研究有载体

学校办学的育人目标是什么？这是办学的首要问题。湖南省双牌县第一中学的育人目标十分明确，那就是把学生培育成具有厚德、勤学、健康、文明、创新、幸福特质的社会主义事业的建设者和接班人。如何实现学校的育人目标？如何将学校的育人目标与"新德育养成教育课题"有机结合？学校紧紧围绕育人目标，组织专业人员、骨干教师自编校本教材《新德育养成教育读本暨励志自修日记》六本，内容分别为厚德篇、勤学篇、健康篇、文明篇、创新篇、幸福篇。学校认为，作为"厚德人"的中学生应是合格中学生、合格公民、时代少年、英雄少年、领袖少年，因此校本教材《厚德篇》的内容为：①做合格中学生，学习《中学生守则》和《中学生日常行为规范》；②做合格公民：要爱国守法，明礼诚信，团结友善，勤俭自强，敬业奉献；③做时代少年：要惜时进取，互助合作，个性创新，理财环保；④做英雄少年：要志存高远，勇于担责，顽强抗挫，坚强毅力，疾恶如仇；⑤做领袖少年：要悦纳自信，宽容隐忍，孝顺老人，勤勉表率，正直清廉，有领袖气质。《勤学篇》的内容则是：①学习过程论，培养有计划、预习、听课、复习、练习、考试、自我小结、课外自学的良好习惯；②学习能力论，培养良好注意、观察、记忆、想象、思维、创新的习惯；③学习学科论，养成良好的语文、数学、英语、政史地、理化生、体艺学习习惯。《健康篇》则是身体健康、心理健康两方面的内容。《文明篇》编辑的是中学生应具备的文明礼仪常识。《创新篇》设计了创新意识、创新思维、创新技能、创新情感和创新人格等章节。如何让学生拥有幸福的人生？校本教材《幸福篇》，有介绍幸福因素、原则、方法、公式、规律的幸福概说，有介绍悦纳自我、阳光心态、顽强抗挫、修炼人格的幸福修炼，有规划、学习、择友、沟通、青春的幸福行动，有幸福与快乐、成功、健康、情商、理财关系的幸福拓展。校本教材的编写，把学校的育人目标细节化、具体化，也为"新德育养成教育课题"搭建了实施的平台。

四、自我管理　课题实施之核心

学校为实施"新德育养成教育课题"，给学生定规则。学校参照《中学生守则》和《中学生日常行为规范》，制定《双牌县第一中学养成教育学生一日常规》《"德智体美全发展，精彩生活每一天"之双牌县第一中学养成教育自评评分细则》，对学生做操、上课、自习、作业、午休、卫生值日、上学放学、就餐就寝、阳光体育锻炼、双休日节假日学习、师生交往等等方面均做出详细的要求。同时要求学生每天写出《励志自修日记》，记下在学校生活的每一天。学生记录自己当天的德智体情况外，还对当天的德智体情况作自我评价并量化打分，满分为 100 分，自我管理、自我监控。为加强对学生自我评价的监管，通学生由家长监督并签名，寄宿学生由班主任监督并签名。

五、检查反馈　课题成功的保障

为落实"新德育养成教育课题"实验，学校结合实际，实施每天"五线"管理，即每天有四名行政领导值日、教师全天候值日、学生会干部值日、专职管理教师值日、课堂学习情况教师评价。值日者依据学校德育工作管理实施细则，分工负责，层层落实。当天检查当天汇总，次日上午 9 点钟前学校政教处公布。学校还定期或不定期进行环境卫生、教室卫生、宿舍内部摆设、仪容仪表等专项检查，检查结果作为班级考核和学生新德育养成教育评分的重要依据。班级和学校每月对学生养成教育的情况小结一次，学生在德智体三方面自评、班评、师评均为满分者，学校在校刊《潇湘星苑》上公布名单表扬，且赠一本学校专门印刷的有表奖名单的《奖励本》。全学期均为满分者，学校在《学校年鉴》上公布表扬名单，以为永久纪念。为加强家校沟通，学校构建了"三沟通"管理平台：班主任电话督查、教师家访、家长校访，及时反馈学生在家、在校的养成教育情况，切实纠正学生的不良习惯，规范学生校内校外一个样，增强学生的自我管理意识和自我约束能力。

六、桃李芳菲满园春

湖南省双牌县第一中学的新德育养成教育课题的实施，开辟了德育工作的新途径，提升了学校德育工作质量，开创了学校德育工作的新局面，促进了学校特色发展，取得了理想的效果。对初一新生，入学教育时就组织学习《中学生守则》《中学生日常行为规范》《双牌县第一中学养成教育学生一日常规》《"德智体美全发展，精彩生活每一天"之双牌县第一中学养成教育自评评分细则》，讲明做操、上课、自习、作业、卫生值日、上学放学、就餐就寝、午休、阳光体育锻炼、双休日节假日学习、师生交往等方面的要求，且第一个月隆重表彰养成教育优胜者，让新生能较高起点步入初中生活。每月一激励，有利于学生保持良好的行为习惯。学生在实践活动中不断纠正不良行为，逐步养成良好的行为习惯，形成了积极、主动、乐观、向上地优良道德品质，98%以上的学生达到中学生日常行为规范要求，学校校纪校风校貌焕然一新，学生文明礼貌的程度及思想道德素质有了很大提高，受到了社会的广泛赞誉和各级领导的一致好评。

文化兴校　校报校刊不可少①

　　文化，为学校立魂；学校，又是创造文化的地方。校园文化是学校教育的重要组成部分，是全面育人不可或缺的重要环节，是一所学校独特精神风貌的体现。校报校刊，是体现学校办学实力、学校文化建设的最佳载体。笔者有幸在同一所学校任教了二十余年的语文，并且是办校报校刊二十余载的"老编辑"，故此，欲就校报校刊在中小学校园文化建设中的重要作用谈几点粗浅的认识，既是与同行者商榷，也是向方家请教。

　　校报校刊在中小学校园文化建设中的重要作用有哪些呢？

一、校报校刊，学校理念文化的引领者

　　学校理念文化是学校的核心价值观，是校园文化的核心，是学校形象定位和传承的基石；它对外展示的是学校的价值追求，对内是激励师生奋斗的学校办学目标。著名教育专家顾明远认为："特色学校就是在办学方面有自己独特的理念，有自己独特的思路，有独特的举措，为全校师生所认同，形成传统。"校报校刊对学校理念文化的引领作用就在于它对学校舆论的引导，它通过介绍教育领域最新的政策法规、改革动向，介绍先进的教育理念、方法，给教师们以启发和正确的引导，全面提升教师的理论素养；它通过发表教研论文及其他相关的文章，客观地体现学校独特的校风、教风和学风，办学方针、治学思想、管理理念，让全校师生了解学校的大政方针、教研方向，让学校上下、各学科、各年级之间的联系、交流更为紧密，信息的传递更为通畅；它通过反映校园文

---

　　① 本文发表于辽宁人民出版社主办的《课外语文》2015 年第 9 期（总 181 期）。该刊被中国知网、万方数据网、维普中文科技期刊数据库、龙源期刊网、中国学术期刊网、中国核心期刊（遴选）数据库收录。

化建设的具体措施和成果，反映广大师生取得的新成就，反映学校的精神面貌，展示广大师生开拓进取、锐意创新的精神，激发师生参与校园文化建设的热情；它通过表扬先进，批评后进，主导校园舆论向正方向发展，传达学校文化的正能量。

二、校报校刊，学校教研文化的促进者

学校教研工作如何开展才会扎实而又有效？那就是"在教学中研究，在研究中教学"，即开展丰富多彩的校本教研活动。校本教研的成果如何物化？如何以校本教研的成果引导广大的教师专业化成长？校报校刊就为教师成长提供了园地。校报校刊将教师的获奖科研论文进行筛选，刊发出来，供老师们学习、借鉴，从而达到传播学校教师优秀的教学经验、教学理念与方法的目的，进而将"教学工作科研化，科研工作常规化"，让教师们"见贤思齐"，提升教师的业务水平，促进教学质量的提高。

三、校报校刊，学校社团文化的承载者

学校有社团，社团要载体，校报校刊就是学生社团的最好载体。办校报校刊，最得益的是学生。让学生来办校报校刊，老师辅导学生记者去策划、采编，既锻炼了学生们的协调、沟通、表达、写作等多方面的能力，又使校报校刊更贴近学生的需要。校报校刊通过对学生社团文章的征稿、选稿、发表学生的优秀作品，写作好的同学的文章会更优秀，而写作欠佳甚至不爱写作的同学踊跃参加，也会激发其写作的积极性，大面积提高学生的写作水平。校报校刊就是学生展示青春的舞台，个性成长的"土壤"，它让学生在实践中积累受益一生的人生经验，收获孜孜以求的人生梦想，许多社团成员就是在校报校刊的实践里成长为代表学校参加各类比赛的主力选手并频频获奖，有的还成为当地社会媒体的学生记者，文章频频在报纸、刊物上发表。

四、校报校刊，学校形象文化的传播者

随着社会经济的发展，市场这只"看不见的手"愈来愈重要的影响着学校的生存发展。学校要争取生源，要争取社会支持，向社会宣传学校就成为学校的一项重要任务。学校形象要在哪儿树立？在校内，要向老师、学生宣传；在

校外，要向家长、社会宣传；还要向上级主管部门汇报。这一切，校报校刊都可以完成。校报校刊就是学校的一扇窗户，透过这扇窗户，可以洞察学校的火热生活；校报校刊就是学校对外交流的一张"名片"，增进学校与家长、社会、主管部门沟通的重要桥梁。

五、校报校刊，校史文化的记录者

校报校刊是校园生活的积累，每一期校报校刊，基本上反映了学校办学的轨迹，它就是学校办学的"见证人"。校报校刊记载的是学校发展历程，客观记录了学校改革、教学科研发展的轨迹，它向后人展示了学校不断发展变革的面貌。这一积累作用，有利于学校精神的传承，学校校风、文风的积淀，形成独具一格的学校文化。上海名校大同中学的《大同》校报就超百期，其校长盛雅萍就曾说过："校报，其实就是学校火热生活的一种忠实记录。每期校报，串起来就是一部学校发展的历史。"如果说"一个好校长就是一所好学校"的话，那么"一所好学校必有一份优秀的校报校刊"，而且这份校报校刊必是这所学校的"成长史"。

校报校刊，是体现办学宗旨的窗口，也是打造校园文化的平台，更是学校师生的精神家园；打造校园文化品牌，提升校园文化品质，离不开校报校刊。让校报校刊这个校园文化中最充满活力的因素在校园里深深扎根，让我们的校园充满活力，让校报校刊成为师生共同成长的乐园！

中小学办好校刊的几点体会和思考①

　　笔者有幸在双牌一中担任二十余年的语文老师的同时走上学校行政领导的岗位，更为有幸的是能与学校的校报校刊相随相伴二十余年：20 世纪 90 年代中期，担任教务处副主任，兴办油印的校报《菁菁校园》；九十年代末担任校办主任，校报改名《双牌一中报》，为油印 8 开小报；2003 年，担任副校长，校报办成 4 开铅印大报；2008 年担任校长，学校停办校报，改办校刊《潇湘星苑》，至今共办校报 129 期，校刊 39 期。屈指数来，笔者也是办校报校刊二十余年的"老编辑"了。在此，笔者仅欲结合办校刊的经历就"中小学如何办好校刊"谈几点粗浅的体会和思考，既是与同行者商榷，也是向方家请教。

一、中小学办校刊很有必要

　　办好校刊至少有这样几个好处：①主导学校舆论。根据学校需要，校刊积极组织系列报道和专题讨论，赞美校园内的真善美，批评各种不文明行为，发挥舆论导向作用，校刊是学校传播正能量、正知、正念的有效渠道和载体。②促进校本教研。校刊是校本教研的现实化和成果化，能真正深入开展校本教研，促进教师专业发展，进而提升教育教学质量。③展示教育教学、教改教研的成果。校刊发表教学科研论文以及其他相关的文章与资料，能客观地体现学校独特的校风、教风和学风，办学方针、治学思想、管理理念，以及学校的各学科发展水平、教师队伍的素质，起到宣传学校、提高学校知名度的重要作用。④

---

① 本文发表于吉林省舆林报刊发展有限公司主办、考试周刊杂志社 2015 年 11 月 10 日编辑出版的第 90 期《考试周刊》。该刊为吉林省精品期刊、吉林省一级期刊，被中国知网、万方数据网、维普中文科技期刊数据库、龙源期刊网、中国学术期刊网、中国核心期刊（遴选）数据库收录。

提高学生素质。发动学生办刊，老师辅导学生完成策划、采编，锻炼学生协调、沟通、表达、写作等多方面的能力，也可以让校刊更贴近学生的生活。校刊广泛采用学生的习作，又让学生通过校刊学习到更多优秀的文章，有利于提高学生的文学修养、语文水平，激发学生的写作热情，进而能提高学生的写作水平。⑤记载学校历史。校刊客观记录了学校改革、教学科研发展的轨迹，它向后人展示了学校不断发展变革的面貌。这一积累，有利于学校精神的传承，学校校风、文风的积淀，形成独具一格的学校文化。

二、刊名、办刊宗旨、办刊目标的确定

双牌一中将校刊定名为《潇湘星苑》，因为学校地处湖南省永州市，永州名曰潇湘，学校的办学目标是要办成人民满意的潇湘大地上一流的初中名校；要有名校，必先有名师名生，这些名师名生就是潇湘教苑中最璀璨的星星，故校刊定名为《潇湘星苑》。校刊以"以科学的理论武装人，以正确的舆论引导人，以高尚的精神塑造人，以优秀的作品鼓舞人"为办刊宗旨；力争达到"让一中走向社会，让社会了解一中；繁荣校园文化，建设精神文明；校本教研园地，师生成长的乐园"的办刊目标。

三、栏目设计

《潇湘星苑》的主体栏目有五块。一是"校长寄语"，学校校长每期撰写一篇文章，放在校刊的最前面，内容可以就教育时事谈看法，可以就学校时事谈意见，可以谈教改教研，可以谈班主任工作、后勤管理，等等。二是"校园新闻"，主要刊发当月校内新闻、处室组工作动态、班级活动，让校刊见证和记录学校教师职工在学校热土上挥洒汗水的情影和劳动结晶。三是"校园教研"，主要刊发学校教师原创的教育教学论文，展示教育教学的优秀成果，特别是让广大教师在校本教研的教育叙事和教学反思中茁壮成长，在新课程背景下，以新的教育理念为武器，积极探求教育教学规律，与新课程同进步。四是"校园美文"，主要刊发师生作品，为师生创作提供平台，让师生共同提高，共同成长。五是"校园记忆"，记录学校一个月里发生的大事、要事，记录一个月里在各种活动中获得表彰的师生名录。

四、几点体会与思考

校刊的周期。如果是季刊、半年刊甚至年刊，周期太长，缺失应有的对学校文化建设的及时指导促进效用；如果办成周刊、半月刊，周期太短，稿源不足，编辑仓促，稿件粗糙，质量不保；所以校刊的最佳周期是月刊。月刊实在有困难，比如开始办校刊，经验不足，至少要办成双月刊。

校刊的交流。校刊交流的出发点是借助内力和外力促进学校核心文化的建设，文化兴校。校刊可以向内部师生发行，这样近者可以指导学校阶段重点工作和日常工作，让学校的教育教学围绕文化兴校的方向运行；远者，可以促进学校师生对学校核心价值观的体认。校刊还要向学校外部交流：投送上级主管部门和教研部门，及时得到相关部门尤其是教研部门的工业务指导；投送学校周边的社区和热心学校工作的家长，促使社会和家长了解学校的日常工作，进而认同学校的文化建设；还可以投送兄弟学校，在切磋交流中共同提高。

校刊的编辑。要办好校刊，应该有规范的编辑组织。各编辑成员的选稿、改稿、定稿等应有明确而精细的分工，负责的具体内容轻易不要变动，这样，工作开展起来就更轻松自如。如办公室主要负责"校园新闻"，教科室主要负责"校园教研"，语文组主要负责"校园美文"栏目中的学生文章的遴选，等等。编辑老师一般都兼有教学任务，必须以保证正常的教学为前提。

充足的稿源。充足优秀的稿源是办好校刊的保证。如何保证稿源？新闻稿件，指定各科室专人负责采写，强调在事件发生的本月之内交稿，最好可以配上相关图片；语文教师，鼓励学生多写文章，多投稿；举办征文活动，选刊一些优秀的获奖文章，锻炼学生的习作能力。把发表稿件与教师和班级的考评挂钩，每月公布教师和班级投稿和发表的情况，折算分数纳入考核并兑现稿酬。

校长的作用。领导的支持和重视，是办好校刊的直接保证。我校的校刊《潇湘星苑》里特设"校长寄语"栏目，这对校长来说是有形的督促，它迫使校长每月至少要写一篇文章；对学校来说，也是无形的促动：在学校舆论面前，校长亮明旗帜；在教改教研方面，校长是强有力的带动；在学习型校园建设上，校长就是最好的样板。校长最好是校刊的主编，对校刊的稿件的甄选和修改，要高度重视；如果校长没有参加校刊的编辑，也要在稿样出来、付印之前，审阅校刊，把握校刊的方向、内容。校刊的生命力很大程度上取决于学校的执行力。

　　一个好校长就是一所好学校，一份优秀的校刊就是一所"好学校"展示自己形象的"名片"，它也是学校发展的"成长史"。文化兴校，校刊就是校园文化建设中最亮丽的风景线！

中小学编修《学校年鉴》的尝试①

　　逢盛世而修志，察既往以知来。湖南省双牌县一中是一所有 50 个教学班 2500 名学生 260 名教师职工的初中义务教育学校。在全校师生的共同努力下，学校 2009 年通过了湖南省合格学校创建工作验收，2010 年被评为"湖南省安全文明校园"，2012 年被评为"湖南省防震减灾科普教育示范学校"，2013 年被评为"湖南省校务公开工作先进单位"、"湖南省青少年思想道德教育工作先进单位"、"湖南省 2009 - 2012 年社会管理综合治理工作先进单位"，"永州市校园文化建设样板校"。2014 年被评为"湖南省气象科普教育示范学校"，"永州市十佳创建学习型党组织先进学校"，被命名为"湖南省中小学教师培训基地学校"，且开展"国家级骨干教师培训计划"，成功培训来自湖南省三湘四水的 180 位初中语文"国家级骨干教师"。为了真切记录学校的发展脚步，总结办学成绩，凝结办学经验，学校从 2008 年开始分学期编修《学校年鉴》，每期一本。笔者是该校校长，也是《学校年鉴》的主编，在此欲就中小学编修《学校年鉴》谈几点体会，既是向行家请教，也是与有志于教育史志工作、编修《学校年鉴》的同行商榷。

　　一、内容的遴选。我校修编《学校年鉴》的宗旨是真实记录学校发展足迹，真实反映学校工作面貌。本着这一宗旨，《学校年鉴》收录内容如下。

　　文字部分为四章，第一章"理论探索"，收录县委、县政府、县教育局等领导的与学校发展紧密相关的论述；领导的重视和支持，永远是学校发展的保证。还收录学校自身对学校发展的有益探索的文章，从中看到的是学校领

① 本文发表于由广西师范大学主管、广西师范大学出版社集团有限公司主办、广西师范大学报刊传媒集团有限公司编辑发行的《教育观察》2015 年 12 月下旬刊。该刊为中国知网、龙源期刊网、维普期刊网、万方数据库全文收录期刊。

导者治校、兴校的决策。第二章"工作实录",分三节,一是学校工作,收录的是学校全局层面的工作,它包含学校一学期的计划、总结,学校人事工作安排,校园新闻,学校大事记。二是处室工作,收录的是各处室工作,有计划、总结、处室工作大事记,反映的不仅仅是处室工作,而是学校在一个学期里的教学、德育、校园文化等方面的面貌。三是年级组、学科组、名师工作室等工作,学校对这些工作都加以小结、记录,就更能反映学校教师队伍不断成长的历程。第三章是"学校荣誉",也分三节,一是学校荣誉,收录的是学校在一期中获得的奖励,在县市省媒体上发表的对学校工作予以报道的文章。二是教师荣誉,收录一期中各级各部门和学校对教师的各种奖励,被评为"学校年度最美教师"的,还要记录下他们的优秀事迹和颁奖词。三是学生荣誉,记录学生在一学期中获得的各级各种奖励,收录"美德少年"、"学习之星"、"文明之星"、"孝老之星"等荣誉称号的同学的事迹。第四章是"校园名录",一是以党支部、行政处室、年级组、学科组、教代会等记录教师名录,二是以班级为单位记录师学生和任课老师的姓名,这为数年后的校庆提供最原始的记忆材料。

《学校年鉴》还有一个十分重要的部分,这也是许多学校不注意的部分,那就是《年鉴》的图片。我们编修《学校年鉴》的选图,还是遵循记录一学期实际面貌的宗旨,收录的图片有"领导关心":收录一学期中各级领导来学校调研的照片;"校友风采":收录学校知名校友的照片;"工作剪影":收录学校一学期中较大活动的照片;"师生名录":教师分年级组、学科组、工作室的照片,学生分班级的合影。值得一提的是学生分班级的合影,占的篇幅稍多,我们还是选入了《年鉴》,为什么?记录学生在校的情况,是学校治学以学生为本的理念的体现;正因为有了学生合影,所以学生及家长对《学校年鉴》才有了兴趣。为了编好学生照片,学校把每个学期第三周的星期一定为各班级统一拍摄合影的日子。为了留下优美影像,在这一天里,好多师生都是盛装出场,足见对《学校年鉴》的重视。

二、进程的安排。编修《学校年鉴》,安排的时间太短,往往会太仓促而出现遗漏;安排的时间太长,又时过境迁,大家的关注度不高。我们编修《学校年鉴》,分三个阶段,历时一般为三个阶段三四个月。第一阶段是准备阶段,是每学期放寒暑假的前一个月,布置编修的相关工作。这样提前布置的好处是,学期工作尚未结束，撰写《学校年鉴》的材料十分熟悉，不易出现错误。第二阶段是寒暑假中，撰写年鉴材料。假期中，老师们都有较多的时间，有利于确保材料的质量。第三阶段为汇总成书阶段，安排在新学期的第一个月，速战速决，趁热打铁，汇总校对。因是上期的工作刚刚结束，所以校正差错就特别的容易。

三、规范与创新。编修《年鉴》，是专业性极强的工作，要注意规范：要坚持政治的严肃性，内容要完全符合党和国家的路线、方针、政策的精神，坚决和党中央保持高度一致；要坚持真实性，必须要对历史负责，对后人负责，保证刊载的全部资料和数据都准确无误，资料内容真实反映客观事物的本来面目，既不溢美，亦不饰非，经得起时间的检验；要坚持科学性，也就是要坚持唯物辩证法，从本质上、整体上和发展上去反映事物，书中表述也要用专门"志书体"。编修年鉴也要不断学习，在学习中不断创新，这样才能永葆魅力。要思想上不断有新突破，理论上不断有新发展，工作上不断有新举措，要积极拓展工作领域，不断拓展工作内涵，履行好延续学校历史文脉的重要使命。

最后，谈谈对编修《年鉴》重要性的认识。修志问道，以启未来；"治天下者以史为鉴，治郡国者以志为鉴"。习近平总书记曾多次强调，历史是最好的教科书，是最好的老师，可以把历史智慧告诉人们，可以启迪后人。他说："不忘历史才能开辟未来，善于继承才能善于创新。""在中国的史籍书林之中，蕴涵着十分丰富的治国理政的历史经验。"李克强总理在第五次全国地方志工作会议上指出："地方志是传承中华文明、发掘历史智慧的重要载体，存史、育人、资政，做好编修工作十分重要"。求木之长者，必固其根本；欲流水远者，必浚其泉源；一所学校的"根本"与"泉源"就是学校通过多年的探索实践，积淀而成的深厚的历史文化，这是一所学校办学的灵魂，其涵养学子、澡雪精神、铸炼品格、根植文化之功，影响深远，为力巨大。编修《年鉴》就是对学校历史文化的发掘、保存、提炼与升华，它真实地记录了学校的发展历程，体现了学校的精神文化和风格特色，是校园文化建设的重要内涵和发展载体。《学校年鉴》记载学校的发展历程，它不仅具有资政、存史、育人、教化的作用，而且具有重要的文化学术价值、经济价值和社会价值。

盛世修志，志载盛世；一邑之典章文物，皆系于志；铁肩担道义，妙笔写春秋。编修《学校年鉴》是一项光荣而艰巨的任务，让我们以传承中华文明，弘扬民族文明、传统文化为己任，满腔热情地投入到《学校年鉴》的编纂工作中去，为努力开创教育史志事业发展的新局面而不断奋斗！

参考文献：

王伟光. 盛世修志助力中国梦 [J]. 《人民日报》2015 年 09 月 10 日 10 版.

教育　用科研解放其生产力①

教育理论专家查有梁先生说："学然后知不足，教然后知困，研然后知美。知不足，然后能自反也；知困，然后能自强也；知美，然后能自创也。"教育科研就是运用教育科学的基本理论和科学的方法来探究教育现象、教学工作，总结经验教训，从中探索出具有普遍指导意义的教育规律的创造性劳动。

一、科研兴校，教育科研是学校发展的助推器

实践证明，教育科研是学校充满生机和活力的激活因子。哪所学校重视教育科研，那所学校就充满了生机活力；哪所学校忽视教育科研，那所学校就会暮气沉沉。正因此，许多学校提出"科研兴教，科研兴校，科研兴师"的办学理念。苏州市在朱永新倡导下对教育科研实行刚性管理，在学校督导评估中实行教育科研一票否决制；南京市则更明确提出："一个好的教师，必须是一个教育科学的研究者。"

教育科研是学校提高质量的需要。中小学教育从"一个都不能少"到"一个都不能落伍"，"全纳教育"给我们教育工作者提出了新的课题。教育质量是学校的生命线，提高教育质量，必须提高教师教育教学水平。教师只有参加教育科研，通过学习现代教育理论，采用现代教育技术和方法，借鉴先进的教改经验，深化教育改革，才能提高教育教学水平，进而提高教育质量。

教育科研是学校改革的需要。当今社会，经济全球化、竞争激烈化，科技进步的步伐加快。人才观念的转变，要求学校培养的人才要具有国际意识、合

① 本文发表于科技部西南信息中心、重庆维普资讯有限公司主办，重庆维普资讯有限公司学术期刊编辑部编辑出版的《教育》2015 年 6 月总第 014 期，原题为《教育科研，解放教育生产力》，该刊为优秀科技期刊、维普网全文收录期刊、中文期刊数据库来源期刊。

作意识、终身学习的意识、交往能力等，单纯的"传道、授业"已无法满足学生成长的需求，这是社会发展对人才培养目标的变化的要求，与之相适应的就是教育的内容、方法、途径、手段的变化，全面实施教育改革势在必行。学校要充分发挥科研的先导作用，针对新形势下的教育理念、教育内容、教育方法，进行了全方位的研究和探索，转变了教师的教育观念，从而推动学校的改革和发展。

教育科研是学校可持续发展的需要。学校在发展中会遇到这样那样的问题，通常情况下学校会采取一系列措施，如加强制度建设，优化教师队伍，强化硬件建设等。学校就是这样通过不断发现问题，解决问题，借助科研的力量来进一步完善各项管理工作，通过科研解决学校实际问题，从而实现学校健康可持续的发展。

二、教育科研，教师专业化成长的发动机

百年大计，教育为本；教育大计，教师为本。名校育名师，名师撑名校；教而不研则罔，研而不教则空，成为优秀教师必须投身教育科研。原教育部长周济曾经说过："一个不搞教学的教师，算不上真正的教师；一个不搞科研的教师，成不了第一流的教师；不能将科研成果转化为生产力的教师，是跟不上时代发展步伐的教师。"

教育科研是教师自我提高的需要。教师有磨道式循环和螺旋式上升两种生存方式。前者是一条自我封闭的教学发展道路。它主要靠自身原有的知识经验就书本讲书本，知识不更新，方法不改造，又不善于总结，年复一年，日复一日，总是在自我的圈子里往复和循环。沿着这条路，许多教师从黑发干到了白发，虽兢兢业业，燃尽了蜡烛，抽尽了蚕丝，但教学业绩平平，汗水与成果不成正比。在新的教育观之下，教师不应仅仅是蜡烛、春蚕、水桶，而应是与学生共同成长的树，教师也应该有成长的权利和生态，老师应该走螺旋式上升的发展道路。这条道路所采取的是对外开放，对内改造的策略。对外开放，能广泛学习吸收先进的教改信息与教育教学经验；对内改造，在兼收并蓄别人的经验基础上，进行大量创新实验和不断地总结自己的成功经验和失败教训，这就形成了教育教学能力螺旋式上升的良性循环："老教材"进入新境界，"老办法"变成新模式，教学能力与水平一个学期一个新台阶，年年岁岁教此书，岁

岁年年法不同。有位校长说："一个只能埋头教书的教师，充其量只是个'教书匠'。只有既教书，又看路，投身教学改革，才是好教师，才可能成为教育家。"此话切中肯綮。

教育科研是教师提高工作效能的需要。有人把教师可分为三类：第一类，教师责任心很强，业务水平也很高，受教于他的门下，学生负担轻，学习质量高；第二类，教师责任心较强，但业务水平一般，或者教学经验欠缺，受教于他的门下，学生负担重，效果一般；第三类，教师没责任心也没有业务水平，受教于他的门下，学生没负担，自然也没有学习质量。第三类是大家都不取得；我们现在不少教师处于第二类，"教师苦、学生累、负担重、效率低"，"两眼一睁，忙到熄灯"，埋头苦干。诚然，埋头苦干精神不能否定，但干劲不能代替科学，蛮干不能代替研究。我们在提倡埋头苦干的精神的同时，能在教育科研中把科学的态度、方法结合起来，就更好了。

教育科研是教师实现幸福人生之需要。苏霍姆林斯基说："如果你想让教师的劳动能够多给教师一些乐趣，使天天上课不致变成一种单调乏味的义务，那你应引导每一位教师走上从事一些研究的这条幸福的道路上来"。著名教育家魏书生说：一件事有一百种做法，一个学生也有一百种教法。这是一位在教育教学第一线上工作几十年的教育专家的切身体会。在研中教，在教中研，以研促教，以教促研，我们才能真正克服"校校同课程，师师同教案，生生同书本"的千人一面的毫无个性化的教育，才能真正形成百花齐放的教育局面，才能让老师从经验型的"教书匠"向科研型、专家型、学者型的"教育家"位移。

教中有研，研中有教；以研促教，以教促研。学无止境，教无止境，研也同样无止境。让我们每位老师积极投身到教育科研这项幸福的充满意义的事业中来，让我们每位教师迅速成长为学习型、专家型、学者型、研究型的教育工作者，这样，我们的校园就一定充满无穷的生机和活力。

教育　就是培育学生良好的习惯①

1978 年，75 位诺贝尔奖获得者在巴黎聚会。有人问其中一位："你在哪所大学、哪所实验室里学到了你认为最重要的东西呢？"出人意料，这位白发苍苍的学者回答说："是在幼儿园。"他人又问："在幼儿园里学到了什么呢？"学者说："把自己的东西分一半给小伙伴们；不是自己的东西不要拿；东西要放整齐，饭前要洗手，午饭后要休息；做了错事要表示歉意；学习要多思考，要仔细观察大自然。从根本上说，我学到的全部东西就是这些。"这位学者的回答，代表了与会科学家的普遍看法。把科学家们的普遍看法概括起来，就是他们认为终生所学到的最主要的东西，是小时候老师给他们培养的良好的习惯。

按照《现代汉语词典》的解释，习惯就是在长时期里逐渐养成的、一时不容易改变的行为、倾向或社会风尚。科学大师爱因斯坦曾说过这样一句话："如果人们已经忘记了他们在学校里所学的一切，那么所留下的，就是教育。""忘不掉的"是什么？素质！而习惯正是素质中最重要的元素。著名教育家叶圣陶先生说，教育就是培养习惯。他还说："凡是好的态度和好的方法，都要使它化为习惯，只有熟练得成了习惯，好的态度和好的方法才能随时随地表现，好的方法才能随时随地应用，好像出于本能，一辈子也用不尽。"英国科学家培根，一生成就斐然，他在谈到习惯时深有感触地说："习惯真是一种顽强而巨大的力量，它可以主宰人的一生，因此，人从幼年起就应该通过教育培养一种良好的习惯。"

20 世纪 90 年代，在中国南方发生了这样一个故事，一家著名的企业公开招聘管理人才，在应聘者当中，不乏高学历者，有曾经从事过管理工作的人，也

---

① 本文发表于中国人民大学主办的《教学与研究》2015 年第 5 期。

有口才非常出众的公关人员。但最后负责招聘的老总却选中了一位在走廊上随手捡起一张废纸的竞聘者。后来，有人问这位老总，"为什么选中那位不占任何优势的竞聘者？"这位老总回答："一个有好习惯的员工，就是一座金矿，有这种人格魅力的人一定可以为公司创造更多的财富。"是的，当一个人养成了良好的习惯，他的人格魅力便会自然得到提升。1961年4月12日，苏联宇航员加加林，乘坐4.75吨重的"东方1号"航天飞船进入太空遨游了89分钟，成为世界上第一位进入太空的宇航员。他在20多名宇航员中，之所以能够脱颖而出，起决定作用的是一个偶然事件。原来，在确定人选前一个星期，主设计师罗廖夫发现，在进入飞船前，只有加加林一个人脱下鞋子，只穿袜子进入座舱。就是这个细节一下子赢得了罗廖夫的好感，他感到这个27岁的青年如此懂得规矩，又如此珍爱他为之倾注心血的飞船，于是决定让加加林执行人类首次太空飞行的神圣使命。良好的习惯也常常助人成功。

播种一种思想，收获一种行为；播种一种行为，收获一种习惯；播种一种习惯，收获一种性格；播种一种性格，收获一种命运。我们不难看出那就是养成了良好的习惯。良好的习惯可以使我们受益终生。中国古代著名的思想家、教育家孔子有句名言"少时若成性，习惯成自然"就强调了好习惯对一个人成长的重要性。中国著名教育家叶圣陶的名言："教育是什么？就单方面讲，只需一句话，就是要养成良好的习惯。"不但强调了养成良好习惯的重要性，更是明白的讲出了教育的真谛。

"人之初，性本善"，刚出生的孩子大体上是没有什么差别的（当然也会存在个别例外的情况），无论是生理上还是心理上大多数都处于同一个起跑线上，随着生活环境和后天教育的不同，就产生了差异，其中更主要的原因还在于养成了不同的习惯。正所谓"性相近，习相远。"

既然习惯如此重要，那么怎样克服坏习惯、培养好习惯呢？

如何克服坏习惯？有一位禅师，带领一帮弟子来到一片草地上。他问弟子们，怎么可以除掉草地上的杂草。弟子们想了各种办法，拔、铲、挖等等。但禅师说，这都不是最佳办法。因为"野火烧不尽，春风只又生"。什么才是最好的办法呢？禅师说：明年，你们就知道了。到了第二年，弟子再回来发现，这片草地长出了成片的粮食，再也看不见原来的杂草。弟子们这才明白：除掉杂草的最好的办法，原来就是在草地上种粮食。这就是禅师的智慧——用粮食根除杂草。我们在培养习惯时，是否可从禅师那里领悟借鉴呢：好习惯多了，坏习惯自然就少了。

如何培养好习惯？首先要打破习惯养成的神秘感。在一些人眼里，没有坚韧不拔的意志和艰苦卓绝的努力，是不会养成好习惯的。强调他们的成功之路如何曲折，如何艰难，使青少年望而生畏。其实，在现实生活中，成功并不是想象的那么难。只要有意识地锻炼，我们每个人都会养成良好的习惯。其次，必须要研究它的重要性，因为只有明白了它的重要性，才会有培养这个习惯的强烈愿望。再次，要制订计划和目标，统筹安排，逐一击破。列出自己的"不良习惯一览表"和"好习惯一览表"，然后认真分析一下，哪些要改？打算如何改？哪些要培养？打算如何培养？循序渐进，由浅入深，由近及远；要宁少勿多，宁简勿繁，宁易勿难。目标就明朗化，并且具备可执行性了！也可将目标公布于众，至少让你的朋友们知道。他们不仅可以监督你，还能够无形中产生压力。还有，要持之以恒，坚持不懈，直到成功。据科学家研究，习惯的形成大致分三个阶段：第一阶段：1~7天左右。此阶段的特征是"刻意，不自然"。你需要十分刻意提醒自己改变，而你也会觉得有些不自然，不舒服。第二阶段：7~21天左右。此阶段的特征是："刻意，自然"。你已经觉得比较自然，比较舒服了，但是一不留意，你还会回复到从前。第三阶段：21~90天左右。此阶段的特征是"不经意，自然"，这一阶段被称为"习惯性的稳定期"。第一二阶段的21天中，前3天是关键期，俗话说："万事开头难""好的开端是成功的一半"，培养习惯也是一样。习惯的养成在于多次的重复。著名教育改革家魏书生说过，同样的事重复72次就可形成定势。当然，还要做总结和奖励。每天、每周、每月总结一下目标的执行情况，优缺点都要总结出来，优点有助于提高你的自信心，缺点有助于你加以改进。在目标执行过程中给自己适当的奖励是很必要的，请人监督或向亲友许诺，也会有不错的效果。

教育　就是要让书香飘满校园①

　　一个民族的竞争力取决于这个民族的精神力量，而一个民族的精神力量取决于这个民族的阅读力量。

　　全世界犹太人加起来约 3000 万人，以色列本土约 600 万人，但犹太人中却出现了三位改变人类观点的著名思想家：马克思的唯物史观彻底改变了人类对社会历史的看法；爱因斯坦的相对论，彻底改变了人类对物理世界的认识；而弗洛伊德的精神学说，彻底改变了人类对自我的认识。据统计：自 1901 年至 2001 年的 680 名诺贝尔奖获得者中，有 138 人是犹太人或犹太裔。据美国《财富》杂志统计，在富裕的美国，犹太人人口比例仅为 3%，但犹太人或犹太裔企业家却占 20%，他们占有全美的财富达 20%，以至于有人说："世界的钱装在美国人的口袋里，而美国人的钱却装在犹太人的口袋里。""犹太富豪在家打个喷嚏，世界上所有的银行都将引起感冒。""不了解犹太人，就不了解世界。""三个犹太人坐在一起，就可以决定世界。"

　　犹太人为什么特别"聪明"？据研究，这与犹太民族特别爱读书是分不开的。犹太民族是最爱读书的民族。古犹太人将书看得破旧不能再看了，就挖个坑庄重地将书埋掉，这时候他们的孩子总是要参与其中，他们的家长总是这样对孩子说："书是人生命里的东西。"在犹太人的家里，孩子刚刚懂事，父母会翻开《圣经》，将蜂蜜滴在上面，然后让孩子去吻书上的蜂蜜，父母在

---

　　① 本文发表于中国人民大学主办的《教学与研究》2015 年第 6 期，原标题为《感悟阅读力量，打造书香校园》。

旁边告诉孩子说："孩子，书本是甜的。"在犹太人的家里，书架一定要放在床头，谁家书架放在床尾，那是对书的不敬，那家的主人也会受到大家的蔑视。犹太人从来不烧书，即使是攻击犹太人的书也不烧毁。据统计，年平均读书的数量，中国仅为 5 本，苏联为 50 本，美国为 55 本，而犹太人达到 64 本，犹太人是全世界年人均读书数量最多的民族。国际阅读学会总结了读书对人类的巨大益处之后，在一份报告中指出："阅读能力的高低直接影响到一个国家和民族的未来。"一个国家不是靠巨大的人口屹立于世界民族之林，而是靠阅读的人口而雄踞于世界！阅读改变一个个公民，阅读改变一个国家，阅读改变一个民族！

在学校，教师要读书。苏霍姆林斯基曾经说过，学校，首先意味着书籍。"学校里可能什么都足够多，但如果没有为人的全面发展及其丰富的精神生活所需要的书，或如果不热爱书和冷淡地对待书，这还不算是学校；相反，学校里可能许多东西缺乏，许多方面都可能是不足的、简陋的，但如果永远为我们打开世界之窗的书，这就是学校了。"人们常说："给学生一杯水，教师要有一桶水。"在新的形势下，教师有"一桶水"远远不够！为什么？一是教师的一桶水经过长时间不断地倒给学生，还剩多少？知识的遗忘率与增长率一样是惊人的；二是处于科技文化飞速发展的今天，教师仅有"一桶水"够不够？三是即使有了"一桶水"，其水质如何？是活水还是死水？是白开水还是优质矿泉水？四是有了"一桶水"，能否倒满学生的"一杯水"？不掌握教育科学，即使有"一缸水"也无济于事。五是同样倒满学生的"一杯水"，有的高投入低产出，有的低投入高产出，这就存在一个教学的效率问题。六是学生的"一杯水"一定得由教师去"倒"吗？教师能否教会学生"取水"，要知道"授人以鱼不如授人以渔"，"点金术"才能让学生终身受益。由此可见，"一桶水"远远满足不了现代教育的要求。要紧紧跟上现代教育的步伐，教师也要学习，教师也要做阅读的先行者和楷模。

作为学生，我们的天职是学习。为什么？因为一个人的精神成长史就是他的阅读史。《阅读改变人生》中说："阅读虽不能改变人生的起点，但可以改变人生的终点；阅读虽不能改变人生的长度，但可以改变人生的宽度。"唐代诗人颜真卿《劝学》说得好："三更灯火五更鸡，正是男儿读书时。""黑发不知勤学早，白首方悔读书迟。""三更有梦书当枕，千里怀人月当风。"

"几间茅屋闲临水，一盏孤灯夜读书。"汉王符《潜夫论》也说："索物于夜室者，莫良于火；索道于当世者，莫良于典。"让我们从小养成读书的好习惯，这就等于在我们成长的道路上装上了一台具有源源不竭动力的永动机！

让我们倾力打造书香校园！让校园飘满书香！让书香充溢校园！

教育　从做大气教师做起①

　　国运兴衰系于教育，教育成败系于教师；大气才能培育大器；大器才能成就大事。陶行知先生在《创造宣言》中说："教师的成功，是创造出值得自己崇拜的人。先生之最大的快乐，是创造出值得自己崇拜的学生。说得正确些，先生创造学生，学生也创造先生，学生先生合作而创造出值得彼此崇拜之活人。"要培养将来能担当大任的建设社会主义事业的栋梁之材，只有大气教师才能完成这一神圣的使命。

　　怎样才能成为一名大气的教师呢？

　　大气教师要有大志。著名的人民教育家陶行知先生曾说："在教师手里操纵着幼年人的命运，便操纵着民族和人类的命运。"一个好的老师能够改变一个学生的命运，一个个学生命运改变可以进而创造民族的未来。大气的教师首先应是一个胸怀理想、关注人类命运、具有社会责任感的人，他所做的一切，是着眼于孩子一辈子的教育，都是在为民族的未来做准备。教育需要大志，只有燃烧起理想的火焰，我们的教育才能使整个民族变得强盛，变得有凝聚力，才能让我们的民族岿然屹立于世界民族之林。

　　大气教师要有大爱。"爱自己的孩子是人，爱别人的孩子是神"。要教育学生首先就要爱学生，因为没有爱，就没有教育。热爱学生是教育工作的情感基础，是促进学生身心健康苗壮成长的动力。正是拥有这种大爱的教师，才会尊重学生，才会细心地去发现学生身上的闪光点，才会容忍学生成长过程中的各种缺点，才会理解个别学生的顶撞和无理取闹，才会不厌其烦地去做思想工作。

---

　　① 本文发表于中国人民大学主办的《中小学教育》2015 年第 4 期，原标题为《做大气教师》，该刊被龙源期刊网收录。

霍懋征老师"从教六十年,从没有和学生发过一次火;从教六十年,从没有请过一次学生家长;从教六十年,从没有惩罚或变相惩罚过一个学生;从教六十年,从没有让一个学生掉过队。"也只有这种大爱的教师,才会得到学生的爱戴与信任,才能建立良好的师生关系,让学生亲其师信其道进而信其师得其益。正如冰心所说"情在左,爱在右,走在生命的两旁,随时撒种随时开花,将这一路行程点缀的花香弥漫"。

大气教师要有大知。腹有诗书气自华。教育家马卡连柯说:"学生可以原谅老师的严厉、刻板,甚至吹毛求疵,但是不能原谅老师的不学无术。"可见,拥有扎实的专业功底对老师站稳讲台是多么重要!一个良师,足以让学生回味一生;一个庸师,足以让学生批判一生。每一个学生都希望结交德艺双馨的老师,他对老师的要求是非常严格甚至挑剔的。过去我们常说:"要给学生一杯水,老师就要有一桶水。"如今,时代发展了,社会进步了,"一桶水"已远远不能激起饱受信息浪潮冲击的学生的兴趣。你的才气将直接决定你在学生心目中的信任度、影响力以及信仰度。教师拥有高水平的才识,其魅力首先表现为知识吸引。知识丰富的教师,能调动自己全部的知识和智慧,用生动的比喻、鞭辟入里的分析、生趣盎然的讲述,使课堂包容四海、辉映人生。教师的大知最重要的展现在课堂上。教无定法,同样的课题、同样的课堂,不同的教师,其精彩度、影响力绝对不一样。如果你业务能力强,善于驾驭课堂,你可以像央视《实话实说》节目那样,与学生进行平等对话,沟通心灵;如果你专业知识渊博,幽默风趣,嬉笑斥骂皆成妙语,你也可以像《百家讲坛》栏目里的大师一样,潇洒自如,妙趣横生,让学生被你的才智、才气折服。大知的教师教学有方,具有敏锐的观察力、强烈的感召力、清晰的表达力、机智的应变力以及善于因材施教的课堂调控能力,无疑会受到学生的欢迎与钦敬。

大气教师要有大度。教育者的胸襟,是学生的天地;教师的胸襟有多宽,学生的精神天地就有多大。良师之心境,如海洋一般辽阔,如长空一般高远。教师心胸博大,学生就能面朝大海,春暖花开;仰望星空,繁星闪烁。大度教师的学科,就有可能成为乐园;他的学生,才会开垦自己的心灵,建造精神家园。人生中能遇上胸襟辽阔的教师,学生自然"大气",自然能顶天立地。大气教师虚怀若谷,有海纳百川的气度,有容人容事的雅量;涉及自身利益时,能够平衡心态,不斤斤计较,不患得患失;对不同意见,能够正确对待,不压制批评，不打击报复。他能正确地评价自己，友善地看待他人；遇到困难和挫折，能够采取有效的措施进行自我调控，不仅能容人，还能容误会，容伤害，走出心理阴影。"腹中天地宽，常有渡人船"，这条船不仅能够"渡人"，更能"渡己"。作为教师，对学生更要大度，不是说"'学生犯错误上帝都会原谅'，何况学生犯的并不是什么大不了的错误！"请记住："你的教鞭下有瓦特，你的冷眼里有牛顿，你的讥笑中有爱迪生。你别忙着把他们赶跑。你可不要等到坐火轮、点电灯、学微积分，才认识他们是你当年的小学生。！"（人民教育家陶行知语）

大气教师要有大雅。雅气是一名大气的教师和一名大气的商人之间的标志性区别；一名商人可以很大气，但是往往缺乏大气教师所散发出来的"雅气"。大气的教师是极具雅气的人，这是有教师的本质内涵所决定的，而这份"大雅"来自于教师自上而下、由内而外的书卷气。教师的大雅是天长地久的文化的积淀，是举手投足的自然。当一名教师沉浸于书香时，他站在三尺讲台前，浑身上下飘逸出的就是浓浓的书香。

大气教师要有大和。和气，就是要涵养"相互理解，同舟相济"的气势，也是一名大气教师的滋润之气。和气是一名教师进一步成长的发展力。大气的教师有正气但不固执，拥和气而不迁腐，显志气而不傲慢。"大和"的教师，最懂得宽容与谅解，能体谅学生、他人和学校，他不会"己所不欲而施于人"，甚至"己所欲也不施于人"。一名真正胸有大和的教师，能在和气中保持自己，能在和气中调和他人，能在和气中鼓动大家。

大气是一种忍让，一种淡泊；大气是一种谦虚，一种境界；大气是一种素质，一种修养；大气是一种学识，一种胸怀。大气是教育工作者的职业美德！

做教师，我们就要做大气教师！

从 "65 本证书却找不到一份称心的工作" 说开去[①]

　　河南安阳工学院的一位名叫孙梦涛的应届毕业生，大学 4 年狂揽 65 本证书，连续两年综合成绩位居全专业年级第一，组织过志愿者服务队，当过大企业的董事长助理，开过传媒工作室，可如今凭借这么多优势，却找不到一份称心工作。他觉得这些证书足以证明他的能力，因而陷入 "究竟是能力重要还是学历重要" 的疑惑…… （《南国早报》5 月 11 日）

　　对此事件，我们首先要对大学生说：面对考证热，我们要冷思考。65 本证书为什么找不到称心的工作？我们有四问：一问这 65 本证书的含金量。这些证书中真的能证明孙梦涛同学的能力的有几本？在这个证书满天飞的时代，各类证书的含金量多数不高，很多都是交点钱培训几天就发证，动辄以 "国家级" 冠名，听上去很唬人，但 "火眼金睛" 一看，其 "含金量" 就往往立刻大打折扣了，所以 "证霸" 被用人单位拒绝也是正常的。二问这 65 本证书有几本符合用人单位的专业要求？65 本证书，说明孙同学大学期间参加了很多活动，参加了大大小小各种各样的比赛，但是这些能证明他的专业能力吗？充其量只能证明他是校园里的 "社会活动家" 罢了。这些难道是用人单位需要的专业知识吗？三是孙同学大学学习四年就考了 65 本证书，四年中耽误的学习时间有多少？四年中学到的专业知识又有多少？这从他 "意识到学习的重要，辞职回校复习考研失败" 便是明证。四是四年考 65 本证书，从积极的角度思考，是考证者勤奋、努力；但如果用人单位从消极的角度去想，可能会想到考证者的思想浮躁，缺乏专一的人生奋斗目标，这样的人到了工作岗位往往会 "三心二意、没有忠

---

　　① 本文发表于河北日报报业集团主办、杂文月刊杂志社编辑出版的《杂文月刊》2015 年 03 期，该刊被维普数据库、中国核心期刊（遴选）数据库收录。

诚度、频繁跳槽"，这样的人，有哪个单位愿意聘用呢？正因为此，现今大学里流行的考证热要降降温，是时候了。

其次，我们要对大学教育说：切莫误导学生走入盲目考证的误区。有的高校，一味鼓动学生大肆考证，以为多多益善；学校自己也滥发各类证书，以为有助就业。其实不然，甚而之于适得其反。为什么呢？因为专业知识与能力才是求职之本，学校大肆鼓动学生考证，而考证是需要时间与精力的，这样势必会影响学生的专业学习。就拿这位65本证书的孙梦涛同学来说吧，四年时间拿65本证书，每年16本之多，除去寒暑假，平均一个月两本，可以说，他这四年不是在考证，就是在准备考证，有多少精力用在学习专业上面？报道中说孙梦涛同学学习的是广播电视编导专业，在求职时也应该首选电视编导这个行当，而要进入这行当，对能力最有说服力的应该是编导的广播电视作品。可是，65本证书里面，这方面的证书少之又少，甚至没有，多数与专业不相关，这不是恰恰证明他在专业学习方面下功夫不多吗？再说，工学院培养广播电视编导方面的专业人才，本来就不具备优势，如果再不集中精力学习，就业时的竞争实力可想而知。

再次，我们对用人单位说：不拘一格选人才，不唯学历凭能力。诚如报道中说，这位孙梦涛同学的能力还是没得说的：不仅仅是有65本证书，而且"两年综合成绩位居全专业年级第一，组织过志愿者服务队，当过大企业的董事长助理，开过传媒工作室。"这位坐拥65本证书的普通本科院校的优秀毕业生投出50余封简历却"无人问津"，而另一位985高校研究生学历的学长却所投简历"百发百中"，后来进了一家世界五百强企业，这鲜明的对比折射的是用人单位招聘人才时的偏见和歧视。"看学校择人"是片面的选才观念，诚然名校是培育了大量的精英，但是一般院校的毕业生里也是不乏佼佼者的啊。能力第一，这才是用人单位招聘人才时"不拘一格选人才"的标准。对高校毕业生就业来说，机会公平是最大的公平。近年来教育部和国务院办公厅先后要求，高校毕业生招聘不得以毕业院校、年龄、户籍等作为限制性要求，但"学校歧视"现象在现实中日益普遍又没有相应的法律法规约束。根据我国《就业促进法》规定，发生就业歧视的，劳动者可以直接向法院起诉，至于怎么诉讼、用人单位承担什么责任和后果，都没有具体内容。加之，与年龄、户籍、性别等明确可察的显性歧视相比，"学校歧视"属于隐性歧视，证据难以搜集，法律又没有明确把"院校歧视"列举出来，要实现法律救济更是困难重重。"65本证书不如一个名校学历"不仅仅涉嫌违法，更会导致用人单位错过优秀人才，人才无法施展才能，劳动力资源不能做到合理配置，这对于用人单位、求职者乃至社会来说可谓"三输"。要想破除这种怪现象，从社会的角度看，必须消除对大学生就业的学历歧视，坚持就业面前人人平等。对于用人单位来说，应当按照德才兼备的标准，坚持以能力选人才的原则，不唯学历，只论能力。作为大学生来说，不管在什么大学，都要珍惜时间，努力学习，重视实践，苦练本领，提高自身综合素质，提升个人能力。我们必须牢记：机会面前人人平等，就业面前人人平等，能力代表一切，能力说明一切。一个只重文凭不重能力的单位，即使去了，恐怕也没有孙梦涛这样一般院校的毕业生的用武之地。所以，我们根本就不应该始终纠结于求职是学历重要还是证书重要抑或是能力重要的问题。学历也好，证书也罢，都并不能与能力划绝对的等号。《南国早报》的编辑将这个《个案·大学四年狂揽65个证书却找不到工作》放在《李克强做出重要批示强调加快发展现代职业教育·崇尚一技之长，不唯学历凭能力》的报道之后，其针砭目前很多用人单位在选拔人才时的偏见和歧视的用意是十分明显的。

"是金子总会发光的"，自信"给我一个舞台，还你一片精彩"的孙梦涛同学完全不必"陷入了沉思，对于未来的步伐，有点迈不开脚"，他一定能找到让他任职"董事长助理"的"河南一家大企业"这样的"非常不错的工作"！光有学历、证书却没有能力，即便是找到了好的工作，也注定不会长久。"天生我才必有用"，如果真的有能力，那就一定能找到施展自己才华的人生舞台！

"苹果的故事"对教育的启迪①

　　人们都说，"三个苹果"改变了世界：伊甸园里的苹果被偷吃，于是有了人类，有了人类文明；掉下树的苹果砸中了人类最具智慧的头颅，于是人类发现了万有引力；被咬了一口的苹果，引领了一场触屏手机的革命，成为时髦的代名词——夏娃带我们看到这个新世界，牛顿带我们了解这个新世界，乔布斯带我们体验这个新世界。我在这里讲的是三个与教育有关的"苹果的故事"，希望这三个"苹果"对我们的教育教学工作有多多少少的启迪。

　　一、方苹果的故事。日本的一堂小学美术课上，老师要孩子们画苹果。老师发现有位同学画的是方苹果，于是耐心地询问："苹果是圆的，你怎么画成方的呀？"学生回答说："我在家里看到爸爸把苹果放在桌子上，不小心，苹果滚到地上摔坏了。我想如果苹果是方形的，那该多好啊。"这位老师没有批评他，反而鼓励他说："你真会动脑筋，祝你早日培育出这样的方苹果！""方苹果"？乍一听这也太有点异想天开了吧；但细细一想，这奇思妙想的背后是不是有它的合理的因素呢。"方苹果"的奇思妙想中不正蕴含创新思维的火花吗？我们人类的许多伟大的发明，最初不也都来自这样一瞬间的突发奇想吗？！莱特兄弟小时候，看到月亮挂在树梢，就想爬到树上去想摘月亮。父亲见了，并没有责怪他们的顽皮，而是对他们说：月亮在天上，如果你们能造出一种能载人的鸟，飞上天空不就能摘到月亮了嘛。莱特兄弟发明了飞机后，总结说：他们的成功与父亲的鼓励是分不开的。江泽民同志说："创新是一个民族进步的灵魂，是一个国家兴旺发达不竭的动力。"面对孩子的"奇思异想"，我们教育工作者切勿

---

　　① 本文发表于《智富时代》2016年2月刊，被中国织网、龙源网、万方数据网、维善网、中国精品文化期刊文献库收录。

以"标准答案"赤裸裸地扼杀了孩子们的创造力，要多加肯定与赞赏。认可并鼓励"方苹果"思维，这是创新教育的开始！我们的时代需要"方苹果"！我们的时代更需要创新教育！

二、画苹果的故事。 中、美的孩子学习画苹果。美国的老师，带来一筐苹果，孩子们看一看，摸一摸，有的甚至吃一口尝一尝，最后把自己体验到的苹果根据自己的想法画下来。中国的老师，先在黑板上画出一个标准的苹果，然后对画的左右、红绿详细讲解，再让孩子临摹。孩子们画的苹果怎么样呢？美国的孩子，画出来的苹果大小不等，形状各异，千奇百怪，无所不有，能让人一看就能知道是苹果的少之又少；中国的孩子，每人都画出了一个美丽诱人的苹果，逼真而让人没有疑义。美国的教育专家诧异：为什么中国的教育，花费的时间少，学习效果却这么显著呢？他们得出的结论是：中国的基础教育是优秀的！

不同的"画苹果教学"，见证的是不同的教学理念：美国的教师，以儿童为中心、主体，关注个体，张扬个性，注重真实的学习情景创设，课堂氛围民主、开放，凸现的是自由的自主的情景化活动化个性化的体验学习，学习者的内部言语操作过程非常鲜明，不关注学习结果。中国的教师，知识本位，教师主体，注重预设和控制，强调"教"的过程，轻视"学"的过程，关注学习结果，凸现的是接受性的封闭性的抽象的外部操作学习，看不出内部操作过程。短时期里看，中国教育的效果是"令人诧异"的，但是，在经历这样的教育几年、十几年之后，中国教育的结果往往是"高分低能"！为什么？因为我们的老师讲解师示范得太周到，教师耐心细致的讲代替了学生的思考和实践，表面上看，我们是对孩子们尽了责任，其实，我们是越俎代庖，用我们老师的思维代替了学生的思维，毫无保留的兜售代替学生的观察、发现和创新，这样的孩子将来能有多大发展的潜力呢？教育的最终目的不是向孩子奉献真理，而是积极地引导孩子探索和发现真理！少一些"嚼过馍喂孩子"式的教育，我们的孩子会更加茁壮地成长！

三、分苹果的故事。 第一个家庭是这样分苹果的：妈妈拿来大小不同的几个苹果，我非常想要那个又红又大的苹果。不料，弟弟抢先说出了我想说的话。妈妈听了，瞪了他一眼，责备他说："好孩子要学会把好东西让给别人，不能总想着自己"。于是，我灵机一动，立即说："妈妈我想要那个最小的，把最大的留给弟弟吧。"妈妈听了非常高兴，把那个又红又大的苹果奖励给了我。另一个家庭却是这样分苹果的：有一天妈妈拿出大小不同的几个苹果。我和弟弟们都争着要大的。妈妈把那个最红最大的苹果举在手中对我们说："这个苹果最红最大最好吃，谁都想得到它。很好！那么，让我们来做个比赛，我把门前的草坪分成三块，你们一人一块，负责修剪好，谁干得最快最好，谁就有权利得到它。"我们三人比赛除草，结果，我赢得了那个最大的苹果。两种不同的分苹果方式培育了不同的孩子：前面故事中的"我"后来成了犯人；后面故事中的"我"后来成了白宫的著名人士。

为什么会有这样的结局呢？细细想来，这样的结局有它的必然性。第一个故事中，罪犯之所以成为罪犯，其最根本的原因是：幼年的"我"在妈妈分苹果时"察言观色"，压抑欲望，编说谎言，并且谎言得到了奖赏、实惠，这在他幼小的心灵里，留下了不可磨灭的烙印，并时时提醒他，谎言比真实更有效！"谎言可以得到奖赏、实惠"，对他日后的行为及世界观的形成产生了决定性的影响。一件小事上的不经意的做法，会导致孩子走入歧途成为罪犯，这可能是这个妈妈或千万个父母绝对没有想到的。由此引出与教育有关话题："千学万学学做真人，千教万教教人求真"，教育中，我们怎样看待表达自己真实意见的学生？怎样对待不合自己心思的、也并不十分合理但却是有其真实意见的学生的诉求？孩子说谎的背后会有着怎样的故事？我们时时警醒：奖赏谎言，造就的可能是一个罪犯！第二个故事在日常生活、工作中屡见不鲜，故事中的母亲让"我"从小就明白了一个简单而重要的道理：要得到什么，就必须先付出什么；付出得多，得到的就多；公平竞争，不附加任何人为的因素。"我"最先把草坪整理好，理所当然地得到了他最希望得到的"又红又大"苹果。过程简单，操作容易。本着这样的人生哲学和生活态度去老老实实做人，尽心尽力做事，不偷懒、不取巧，一步步走向了成功，这是必然。

还有一个家庭是这样分苹果的：故事的前半部分与后一个故事相同。妈妈确定了分苹果的原则后，老大立即拿起工具在烈日下干了起来。等到老大干完那块草坪的活汗流满面地来到妈妈面前时，桌上只剩那个最小的苹果了，两个弟弟正在妈妈身边乖顺地啃着又红又大的苹果。老大哭叫着说："说好的，谁干得好，谁吃大苹果。"妈妈怒斥道："你的动机就不对，你干活只想得到你想得到的东西。"老大争辩说："可弟弟他并没有干活呀？"妈妈怒火冲天："既然你这么会干，你为什么不替他们干了？"老大呜咽着无奈地离开，身后传来妈妈和弟弟的欢笑声。作者写完这个故事后评道：这个故事发生在以前中国的某个地方，但今天仍在延续。

游戏规则定了，也就是说制度有了，但是，游戏规则在权威（文中的"妈妈"）面前，不堪一击。面对视规则、制度如儿戏又唯我独尊的"妈妈"，"老大"得到的"教训"可能是：凡事不可以当真，坚持真理便是"白痴"；"弟弟"得到的启发：只要讨好"妈妈"，把"妈妈"哄转，就有好果子吃，完全没有必要流血流汗；旁观者也会因这事的价值导向从而对自己的正确行为准则产生叛离或怀疑：干的不如看的，看的不如说的。童年的小事是孩子世界观形成的基石。这样的"妈妈"对事物发展秩序的破坏和对孩子优秀品质的形成的杀伤力是难以估量的！

规则意识的建立，要在幼小的心灵里生根；依"法"治国的教育，也得从娃娃抓起！

02

语文与课堂教学

多媒体课堂教学之美初探①

马克思在《1844 年经济学哲学手稿》中分析和比较了人的生产和动物的生产的根本区别，他深刻地指出："动物只是按照它所属的那个尺度和需要来进行塑造，而人则懂得按照任何物种的尺度来进行生产，并且随时随地都能用内在固有尺度来衡量对象；所以，人也按照美的规律来塑造物体。"大雕塑家罗丹说："美是到处都有的，对于我们的眼睛，不是缺少美，而是缺少发现。"在多媒体课堂教学中，我们的老师就是要善于按照"美的规律"设计美，带领学生发现美，让学生在课堂中感知美，在美的熏陶中完成课堂教学，提升学生欣赏美、创造美的能力和水平。

多媒体课堂教学之美，美在何处？

一、美在教态，得体热情。教态是教师在教学过程中的衣着打扮、仪表风度、行为举止和情感态度等方面的表现。多媒体课堂教学中，教师要以怎样的教态之美来感染学生呢？首先，教师要衣着得体、整齐，着装的颜色宜单纯统一，不宜花俏，不然，教学时，老师花花绿绿的服饰在学生面前晃来晃去，既分散学生的注意力，也影响学生对多媒体课件的观察。还要注意冬不太厚夏不透露，女教师可适当地化淡妆，切忌浓妆艳抹。其次，教师的眼神要诚挚热情，手势要稳重简明，表情要敏锐活泼，动作要得体大方，神态要潇洒自如。在此最值得一提的是态度、手势和眼神：教师的态度要亲切自然，面带微笑，老师满含微笑的眼神，是对学生无形的亲和与鼓励；教师的手势宜少不宜多、宜简不宜繁；老师的眼睛要能说话，给认真者以鼓励，给忙乱者以安定，给违纪者

---

① 本文发表于吉林省教育厅、吉林省电化教育馆主办，中小学电教杂志社编辑出版的《中小学电教》2015 年 7 月刊（总第 389 期）。该刊为吉林省一级期刊、全国一级电教期刊、中国学术期刊（光盘版）全文收录。

以制止。

二、美在语言，规范动听。苏霍姆林斯基说："教师的语言素质，在极大程度上决定着学生在课堂上的脑力劳动效率。"教学语言作为信息载体，不仅是联系教与学的纽带与桥梁，而且是教师传情达意、诱发美感的重要手段。多媒体课堂教学的语言之美，美在简明规范：以简练的语言表述丰富的课堂教学内容；精当地运用课堂教学专门术语，又有强烈的针对性。其次，多媒体课堂教学的教学语言应具有与其他课堂教学共有的美的特性，如悦耳动听，以纯美丰富和清脆圆润的音质、灵巧多变的旋律，给学生以听觉上的美感享受；要声情并茂，在绘声绘色的讲述中把学生带入教学的情境；要抑扬顿挫、错落有致，语调变化与教学的内容和谐统一，浑如"嘈嘈切切错杂弹，大珠小珠落玉盘"。苏霍姆林斯基说得好，"教师讲的话带有审美色彩，这是一把最精致的钥匙，它不仅开发情绪记忆，而且深入到大脑最隐蔽的角落。"多媒体课堂中教师的美的语言，授之以趣，动之以情，导之以规范，定会在教给学生丰富知识的同时，给学生以丰富的美感享受。

三、美在课件，简约和谐。多媒体课堂教学的课件首先要简约。教学的课件不能太多，一节课搞几十幅课件，学生的课堂学习像在看电影，那么课堂就变成了另一种"填鸭"——"电子填鸭"，这样的课堂必定没有好的教学效果。正因此，我们认为，教学课件一定要与教学内容紧密相连，宁少勿多，十幅左右可也。多媒体课件要和谐，课件的图文要体现"建筑的美"，文字对称整齐或错落有致，文字的色彩、字体、大小要有变化，避免单调呆板。课件的布局讲究疏密有致，密处给人以紧张、窒息和厚重之感，而疏处又让人轻松和愉悦，要特别注意在满目的文字、图片之间有意留出一定的空白，这些空白是文与文、文与图之间的空间转换和节律停顿，可以创造了疏密有致、清新宜人的意境，进而收到"此处无声胜有声"的奇效。课件的色彩能更直观地传播视觉信息，吸引学生的眼球，形成课件版面强势，使平面凸显出立体美，所以课件要注意用色均衡，在稳定中求变化，在变化中求均衡。文章的长短、图片的大小以及字体、字号、线条、网纹也都是体现课件和谐之美的重要手段，要灵活处理，合理利用。

四、美在板书，精练优美。教室里有了电子白板，为什么还要在它的两边各设计一块黑板呢？这是因为，多媒体课堂教学中，板书是不可或缺的教学辅助手段，板书是无声的语言，板书是课堂教学的眼睛。电子白板是老师课堂教学的预设，黑板则是生成；电子白板是动，黑板是静。电子白板与黑板有机结合，构成多媒体课堂教学的动静结合的灵动之美。所以，在多媒体课堂教学中，精心设计富于美感的板书，有利于学生端正学习态度、激发求知兴趣、启迪创新意识。多媒体课堂教学的板书之美，美在精练，它是教师在认真分析教材、处理教学内容的基础上，在课堂上以简明的文字、图形等将教学内容提纲挈领在黑板上再现出来的直观教学手段。美的板书会对黑板平面统筹安排，文字、图形、解释性说明等板书的位置合理分布，在整齐之中求变化，在变化之中求美感；美的板书字体刚劲优美，书写规范准确；美的板书，图形科学规范并富有形象性和艺术性。总之，美的多媒体课堂教学的板书，字迹工整、布局合理、排列有序、条理清楚，与教学内容有机结合，又赏心悦目。

五、美在流程，自然连贯。一节成功的多媒体课堂教学的课堂，它的课堂结构应有疏有密、有张有弛、有波澜有起伏，犹如一曲优美的交响曲，密集处，速度快，学生注意力高度集中；疏朗处，速度慢，让学生静观默想，这样，既符合学生学习的心理特点，又呈现一种音乐般的流程之美。多媒体课堂教学的导入贵在精辟，善于设疑激趣，拓宽思路，引发学生对教学内容的高度关注。多媒体课堂的教学过程之中，教师的讲授要与教学的内容要衔接自然而连贯，浑然一体；教师的讲授点拨，开发智慧，要"一石激起千层浪"；师生专注于过程与现象的观察时，教室里要鸦雀无声；师生探讨时，又是热情而激烈，这种教学中的动静结合、张弛有度、有声无声的和谐交替，构成了顿挫抑扬、波澜起伏的多媒体教学的节奏之美。多媒体课堂教学的结束，教师应以画龙点睛的语言，对课堂教学加以点拨，并指出有待深入探讨的有关问题及课中的深思之处，让学生在小结中回味，在回味中激发更进一步深入探究的兴趣。引发兴趣的导入美、水到渠成的衔接美、波澜起伏的节奏美以及回味无穷的结语美构成了多媒体课堂教学的美的流程。

六、美在环境，整洁怡人。环境冶性，环境育人，让学生在美的环境中求知探索，发现科学的奥秘，不仅使学生学到科学文化知识，而且还可以提高学生的审美情趣和美学素养。教室的布置要体现美。如教室黑板上方，可写上校训或班训；教室两边的墙上可贴上科学家的画像及其名言条幅，这是对学生无形的鞭策；可以在教室的讲台上点缀一两道盆景，让教室充满绿色和生机。教室里桌椅整整齐齐，地面干干净净。多媒体课堂教学的环境之美，还体现在课堂教学之中，试想，电子白板播放着优美的画面，多媒体播放着悠扬的音乐，老师和学生沉浸在一片朗朗的读书声中，这是一幅多么优美的校园图景！在这样整洁怡人的环境里，师生自然而然就形成了一种向上、向善的力量。

多媒体课堂教学的美，魅力是诱人的，力量是巨大的，效果是神奇的。让我们的每位老师在多媒体课堂教学中，带领我们的学生踏上寻找美的发现之旅，让我们的多媒体课堂变成师生寻找美的源泉，更让我们的教育变成美的神话去感染每一个孩子的心灵，让他们采撷美，享受美，领悟美，在美的教育中茁壮成长！

课堂喧闹"静"下来 学生思维"动"起来①

一、课堂喧闹何其多

现在的课堂喧闹太多了,有的课堂"乱哄哄"的。这种喧闹有的来自学生没有形成良好的学习习惯:开始上课,教室里总是要闹腾一阵子,安静不下来;课中,老师要求同学们互动合作,有的同学没有按照老师的要求去做,而是偏离课题,谈论无关的话题,还有的是课堂纪律不好,讲小话,搞小动作,有的甚至任意走动,使课堂显得乱糟糟的。

更多的课堂喧闹来自教师,有的老师借口班级学生多,配上导游专用的"小蜜蜂",还把音量调到最大,分贝太高,就连毗邻的教室里都听得清清楚楚。更多的教师认为,课堂要"以学生为中心",学生动起来就是新课改了,课堂教学一定要在"师生互动、生生互动"的交流中完成,于是在公开课上,"学生活动充分不充分"、"教学气氛热烈不热烈"就成了衡量一节课好坏的重要标准,因此"课堂上学生坐姿要端正,这样对学生身体的发育有好处"被毁了,"举手发言、上课后进教室喊报告"等纪律也"灰飞烟灭"了;学生要个性发展,上课时"想咋坐就咋坐、想啥时发言就啥时发言、想说啥就说啥",教学是"活"了,学生是"动"了,课堂却"闹"了。比如有位老师任教《Spring Festival》,教几个关于中国风俗的单词,用课件展示团圆大餐,老师竟然还带来了可乐、杯子,每个学生都斟上一杯,共同庆祝新年,教室里热闹非凡。有位教师教学生学习《卖火柴的小女孩》,居然要学生分小组就"课文中小女孩擦了几次火

---

① 本文发表于安徽省科学技术协会主办的《科教文汇》2016 年 1 月刊,该刊被中国知网、万方数据网、维普网收录。

柴，擦火柴后出现了怎样的幻景？"的问题进行探究，让学生一边擦火柴，一边对小女孩可能出现的幻境展开想象，并作即兴表演。有的老师的课堂成了"多媒体控"，从头至尾，一节课下来，展示课件几十幅，还加上音频、视频，学生在"看电影"，热闹是热闹了，但学生过后即忘，效果可想而知。还有的老师，每逢上课，必来上一段"合作"学习，老师用课件打出"研读赏析"的问题，然后就说："同学们，下面以小组为单位讨论解决这几个问题，各小组派代表起来回答。"学生居然非常配合，你搬凳我挪桌，三个五个凑一伙，课堂上一片喧闹，谈天说地闹喳喳，就是不见实效。有的课堂必来一段"课本剧"，随便拉几个同学到讲台上来就演，名之曰"课堂展示"，无精心准备，也无现场指导，演的叽里呱啦，看的叽叽喳喳。有的老师把课堂当作才艺"秀"场，配乐朗诵之外，还加上唱歌、跳舞，甚而用上了器乐。有的老师借鉴"幸运52"，采取轮答、必答、抢答等方式，看似激发了学生的参与热情，课堂气氛空前活跃，但回答的问题多是什么事发生的时间、地点之类的浅显的问题，这样的问题简单记忆即可，有必要如此抢答吗？有的老师借鉴大学生辩论赛，一个问题，让学生组成甲乙两方，你一言我一语，争论十分激烈，细究，浅层的道理多，深层的思辨少。

二、课堂安静为什么

古人云：人静而后安，安而能后定，定而能后慧，慧而能后悟，悟而能后得。诸葛亮说得更直接："非淡泊无以明志，非宁静无以致远。"

从心理学的角度来分析，依接受心理，快乐易于接受，兴奋注重表象，而安静地接受才是深入而持久的；在嘈杂吵闹的环境里，人的情绪激动会出现思维明锐度的降低，而人在安静的环境拥有更加明锐和理性的思维能力。心理学研究成果表明：安静沉稳的心态有利于孩子提升思维的广阔性和深刻性，作为学生的个性化行为的课堂学习，学生的阅读实践是教师的分析代替不了的，应该让学生在主动积极的思考中加深理解，获得思想启迪，享受审美乐趣。

苏霍姆林斯基说过："教室里寂静，学生集中思索，要珍惜这样的时刻。"从课堂教学的教学规律来说，学生阅读课文要静，学生阅读具有不可替代的独立性、自主性，文本的意义应该是学生在阅读过程中自己去发现、自己去建构起来，要让学生自己去阅读，在自我阅读中掌握阅读的方法，学会阅读。有的老师，课堂教学一开始就让学生说对课文的理解；刚阅读完一段文字，马上就让学生说自己的看法；刚学完一个片段，就对学生进行仿写练习。试想，没有经过深入的冷静的思考，对文本的理解，学生能做出正确的判断吗？学生的阅读能力能这样就得到提高吗？课堂要静，对于文本，只有静静的阅读，宁静的思考，才能走进文本，感知文本。学生思考要静。课堂中如果少了思考就等于人没有了灵魂。课堂上学生思考的重要性是每一个教师都知道的，但如何引导学生积极的思考，如何让学生在思考中体验脑力劳动的快乐，体验智慧的神奇力量，非在静静中细细领悟不可。回答老师问题要静。在提问学生时，老师你会安静等待多久？根据罗卫（Rowe）研究，教师等待学生回答问题时一般只有一秒钟。他的研究还告诉我们：如果教师把等待的时间从 3 秒钟延长到 5 秒的话，就会产生这样的不一样效果：学生回答问题的时间也延长了，回答失败减少了，学生的自信心增强了，推测性的思考增多了，来自学生的问题增加了，学生主动回答的人数增加了。教师在提问后，留一点时间和空间给学生，让学生进行独立的深入的思考，学生只有经过了自己的酝酿和思考，才会有自己的想法和观点，也才能有话可说，也才会有思维的碰撞、心灵的交汇、情感的交融，才会不断涌现新的认知、新的观点。倾听他人发言要静。有同学在发言时，其他同学的注意力要放在发言的同学身上，而不能私下相互争论，讲小话。在小组合作中，如果是你说你的、我说我的，没有用心去倾听同学的发言，那么，合作学习的效果在哪儿呢？"奇文共欣赏，疑义相与析"，"相与"就是共同探讨，别人说时，听都没听，何来共同探讨？学会倾听是一种对别人的基本的礼貌和尊重，也是一种良好的学习习惯，也是一个人良好教养的体现。学生展开想象的翅膀要静，语言文字有着丰富的意义和情味，教师是不能够全部讲出来的，很多时候是"只可意会不能言传"、"言有尽而意无穷"，只能让学生在静默中进行合理的联想与想象，展开想象的翅膀，任由心灵飞扬，从而悟出文中百味。学生享受情感的熏陶要静。在静默中，教师感受到了学生真挚的情感；在静默中，教师体会了学生情感的成长，这就是心灵的感悟。

三、课堂安静怎么做

我们的课堂要安静，在"书声琅琅"的同时，让学生也能"静思默想"。课堂怎样才是"静"？一是学生肢体要静，聚精会神，旁若无人。二是师生多数安静，或老师轻声领读，学生轻声和读；或一个学生朗读，其他同学闭目欣赏，这样的课堂，就像细雨洒向湖面，还似微风摇曳柳枝，学会静坐、静听、静思、静品，或冷静地思考文中的问题，或沉浸于文本所描绘的情景，或安静地品味文章的妙语，徜徉其中，流连忘返，深入思考，忘我陶醉。

对于生源性的喧闹，老师的办法可以是：让小组齐声大喊："请安静!"不得已时，敲桌子或大声喊；扬言罢课："我不上课了，我走!"叫班干部请班主任或校领导来；有的老师离开讲台，做愤怒状；用倒计时、提示声、提示语、提示道具；做一些让学生意想不到的动作，学生吃一惊，但这些都是下策，也只能暂时的安静，解决不了问题。有的老师用评比的方法："看那个小组最安静"，集体荣誉感强的组往往能很快安静下来；不说话，在黑板上写下要求学生做的事，老师行间走动、观察，安静下来再讲课；用商讨的口气请同学们安静下来，激发学生的自觉性；老师压低声音，学生想听讲，会自动安静下来；老师做个安静下来的手势，可在沉默中等待；沉默、注视、不说话、扫视全班，目光停留在说话者身上，直到他安静下来；学生交头接耳、课堂无序，老师可以暂停讲课，说一点学生感兴趣的事（如果和教学内容有关就更妙了），把学生吸引到教学内容上来。这些方法都能比较好地让学生安静下来。

当然，要真正让课堂"静"下来，起主导作用还是老师。老师首先要改变观念，自己要耐得住寂寞，别害怕课堂教学中的"冷场"，你有权保持沉默，不强迫学生追赶教学任务。教学过程不是快餐文化，宋儒理学大师陆九渊曾说过："读书切忌在慌忙，涵泳工夫兴味长"。老师还要明确，教育的根本目的是为了实现人的全面发展，衡量一堂好课的标准，关键要看课堂是否促进了学生的发展。好的课堂，必须全面实现"三维"目标的要求。一堂好课，既要"热闹"，不能"只见课本，不见学生"；又不要"乱热闹"，还要重视"三维"目标的实现，促进学生的发展。其次，老师还要提高自身的素质，提高自己的把握课堂的能力，让课堂有理有节有序，要有环环相扣的教学环节、巧妙新颖的教学设计、紧凑有序的课堂节奏、风趣幽默的教学语言、轻松活泼的课堂氛围，这才是杜绝课堂喧闹的"治本"之法。因为，对学生来说，"吸引"永远强于"强迫"。教师要彻底"治愈"自己课堂教学上的"多语症"，到达惜言如金的高度，这绝非一日之功，是集多种素养于一身的结果，要在不断地自我感悟和反复实践磨炼中才能达到的教育艺术的极高境界。

课堂教学中的"静"，它是一种尊重，凸显的是教师对学生差异的尊重；它是一种理念，是让每个学生在教师的引导下都能得到最大发展；它是一种能力，让我们的教学逐步脱俗，走向卓越；它更是一种净化，让我们的教学走向简约、走向纯洁；它还是一种境界，让我们的教学走向理性、走向本真！

让我们课堂的喧闹"静"下来，让我们学生的思维在课堂上"动"起来，这样，我们的课堂就是有效的教学，我们的课堂才有可能是高效的课堂！

参考文献：

苏霍姆林斯基.《和青年教师的谈话》

王晓春.《课堂管理，会者不难》

摒弃负效、无效教学　打造高效、魅力课堂①

　　课堂，是素质教育的主渠道，学生在校园里的大部分时间是在"课"上度过的，我们的教育目标和教学任务也主要是在课堂这短短的 45 分钟内完成的。因而，"上课"是学生主要的校园生活方式，"课"是莘莘学子舒展青春、升华生命的重要过程和载体。这一节又一节的"课"，构成了学生成长、成才、成功的人生历程；构成了学生探索、感悟、升华的生命旅途。以每天的 7 节课计算，中小学基础教育 12 年，共有 16800 节课。如果学生有幸，这 16800 节都是好课、优课，那么，我们的学生会成长为怎样的"精神巨人"?! 如果这个学生天生"倒霉"，他上的课都是劣课、庸课，"成人"都不可能，就更莫奢谈"成才"了。为什么家长和学生如此迫切要上名校，要请名师? 说白了，是想享受优质的教育资源，这个优质的教育资源除了校园文化外，最主要的应该是优质的课堂教学。正因为此，我们老师要扎扎实实地上好每一节课，要摒弃负效、无效的课堂教学，把课堂教学打造成为高效、魅力课堂!

　　有人会怀疑：还会有"负效教学"吗? 有的。"钢琴师招收学生"的故事说的就是这：钢琴师招收学生，从未学过钢琴的学生只收学费 300 元，而已学了一年但学得不好的学生要收学费 600 元。别人不解，奇怪地问钢琴师为什么这样收费。钢琴师说：已学过的，学得不正确，要改正过来，比未学过的从头学起来要困难得多。我们老师也有这样的体会：有的幼儿园办学不规范，幼儿园小学化，教孩子们拼音，教的又是音韵不准，读小学一年级时要纠正有多难；英语学习也是如此。教的知识不正确、不准确，学生养成了不好的学习习惯，

---

① 本文发表于《考试周刊》2016 年 2 月刊，被中国知网、万方数据库、维普网、龙源网、中国学术期刊网、中国核心期刊（遴选）数据库收录。

这样的学生，别人接手，要做的第一件事就是纠偏，这就"负效"了。还譬如，教师应该是社会主流思想的传播者，如果一个教师在课堂上传授的内容，是与主流文化格格不入的"歪理邪说"，还津津乐道，大加赞赏，把学生的情感、态度、价值观搞乱，这样的课堂也就是"负效"了！总之，违背教学本质和规律的教学就是"负效教学"，有人也称之为"反教学"，这种教学，有的是"好心办坏事"，更多的是"庸师误人"。"负效教学"扼杀的是学生的创造力，扑灭的是学生的求知热情，它过量占据学生的时间，甚至伤害学生幼稚的心灵，危害学生的身心健康发展。所以，发现这样的"负效教学"，我们必须当头断喝一声："停!"

什么样的课堂是"无效教学"呢？教学效率极低甚至是零的教学就是低效或无效教学（本文中我们统称之为"无效教学"）。课改专家、华东师大崔允郭博士说："教学有没有效率，并不是指教师有没有教完内容或教得认真不认真，而是指学生有没有学到什么或学生学得好不好。如果学生不想学或者学习没有收获，即使教师教得很辛苦也是无效教学。同样，如果学生学得很辛苦，但没有得到应有的发展，也是无效或低效教学。"现实课堂中，这样的"无效教学"行为很多很多，譬如，有的老师的课堂多媒体课件太多，一节课几十幅，学生"看电影"，看过即忘，肯定是无效或低效。有的老师的课堂提问，满堂"是不是"、"对不对"，或提问太多、太易、太难等，都不会有好的教学效果。有的老师的课堂教学内容安排得不科学，或太浅，学生已经懂了的，不必讲自己可以懂的，老师还大讲特讲，这不是浪费学生的时间吗？有些太深奥的知识，明显超出学生的年龄和知识范围，讲了，学生也是云里雾里，有的老师却硬是要讲，这不也是同样浪费学生的宝贵时间吗？还有的老师教学方法单一，一讲到底、一问到底、一读到底、一写到底、讨论到底，根本起不到启发学生思维的实效。有的课堂的互动无效：少数人（尖子）动，多数人不动；教师动，学生不动；形式上动，本质上（大脑）不动；毫无秩序的乱动。还譬如有的课堂训练，尽是无师自通的瞎练、缺乏针对性的乱练、管理不严的假练、不科学的重复练，等等，这都是无效的教学行为。无效教学的课堂死气沉沉，导致的结果是学生苦学、厌学，甚至辍学；教师苦教、厌教，甚至弃教。无效教学严重影响师生双方的动机水平和身心健康。

所谓"高效课堂"，就是要最大限度地发挥课堂教学的功能和作用，在单位时间内，即在课堂 45 分钟内要最大限度、最完美地完成教学任务、达成育人目标，以求得课堂教学的最大效益。"高效教学"的显性标志应该是：课堂教学既要有课程内容选择上的广度和深度，还要有课程实施安排上的密度和适度，更要有课程组织落实上的力度和效度。也就是说，"高效课堂"要做到信息量大、思维含量高，情感培育要真正触及人格与灵魂。有人将"高效课堂"的标准概括为"十化"，即课堂教学的生活化、学生学习的主动化、师生互动的有效化、学科教学的整合化、教学过程的动态化、教学资源的最优化、教学内容的结构化、教学策略的综合化、教学对象的个别化、教学评价的多元化，这是很有见地的。近年来，对于"高效课堂"的论述颇多，在此笔者不加赘述。

"魅力课堂"的魅力在于，执教者的"人格魅力"与"学识魅力"所产生的课堂凝聚力；课堂教学彰显师生"个性魅力"所产生的巨大的课堂迸发力；课堂教学设计精妙的"艺术魅力"所产生的课堂向心力。"魅力课堂"充满情感，教师有充满激情的心灵，首先感动的是自己，然后用自己的情感的真实流露去感染在座的学生；"魅力课堂"尽显教学智慧，老师渊博的才学、深厚的教学底蕴、巧妙的课堂设计，使课堂妙趣横生；"魅力课堂"彰显人格魅力，它来自老师对教育事业的忠诚和责任感，他们不仅仅把教书看成谋生的手段，而是毫无私杂念地投身其中，以教书育人为崇高的职责，并能从中体现自己的人生价值、享受到人生的乐趣。"魅力课堂"对学生有无限的吸引力，让学生对这样的课堂充满渴望，满怀期待，翘首而望；让学生对这样的课堂，全身心地投入，"亲其师，信其道"，所有学生愿学乐学，就是最淘气的学生也安静听讲；下课了学生还舍不得让老师离开，问这问那，与老师讨论课堂中的问题，有的问题可能是与课堂无关的生活问题，学生也愿意向这样的老师请教；这样课堂的任教者，他的威信比班主任、校长都高，班主任、校长做不通的思想工作，他去，一说就通；"善教者，使人继其志"，"魅力课堂"熏陶的学生，会对该学科的探索充满憧憬，会产生"我就要做这样的老师"的念头。"魅力课堂"，幸福的不仅仅是学生，更幸福的是老师自己。在"魅力课堂"中，教育人才看到自己作为"人类灵魂工程师"劳动的真正价值！

课上一分钟，课下十年功，让我们摒弃负效、无效教学，打造高效、魅力课堂，把课堂打造成为师生共同成长的"生命共同体"，让我们的课堂洋溢魅力，让我们的学校充满无穷的魅力！

出彩导言课　要的就是"一见面就爱上你"①

一、为什么要上好导言课？

新的学期开始了，新学期的第一节课如何上？有的老师的回答往往是：如何上？上教材的第一课呗。优秀的老师却不是这样，他们会上一节"开宗明义""导言课"；有的老师甚至在学段起始（小学、初中、高中）的一年级花上几节课的时间上导言课。为什么？一部好书，作者会撰写优美的卷首语吸引读者；一场好的晚会，主持人会用精彩的开场白粘住观众；一部优秀的电影，会用一个精彩的开头扣住观众的心弦；教学的道理也是这样，学生是否喜欢这门课程，喜欢这位老师，与第一节课上对老师的印象有很大的关系。一节好的导言课，可以拉开学科学习的序幕，让学生初步明了该学科学习的要义，了解学习的方法，激发学习的兴趣和强烈的求知欲望，让学生以最佳精神状态进入新的学习之中。俗话说：良好的开端是成功的一半。一堂好的导言课，可以影响一个学期、一个学年，有的甚至可以影响学生的一生。

这种现象是可以用心理学的原理来解析的。美国心理学家洛钦斯曾提出一个心理学现象叫首因效应，说的是"先入为主"第一次印象对今后交往关系的影响，虽然这些第一印象并非总是正确的，但却是最鲜明、最牢固的，并且决定着以后双方交往的进程。印象良好，就愿意接近，彼此较快了解；初次见面就反感的人，以后的交往会很冷淡，甚至在心理和行为中产生对抗。

---

① 本文发表于由山东出版传媒股份有限公司主办的山东新校园杂志社有限公司编辑出版的《新校园》2015 年第 9 期（总第 371 期），该刊被中国知网、龙源期刊网、维普数据库、万方数据库收录。

二、导言课讲什么？

既然是"开宗明义"的第一课，那么，这节课讲一些什么好呢？笔者认为，要上好"开宗明义"的第一课，首先要明确导言课的教学目标。导言课的教学目标应是：明确学科概念，激发学习动机，培养学习兴趣，了解学习内容，明确学习要求。

非起始年级导言课的内容，可以小结本学科上学期期末考试情况：得分情况，优秀者名单，得分失分情况分析，对上学期学生学习情况应予以小结，从中总结出本学科在新学期的学习建议等。可以讲本学期学习的内容和教学进度的大致安排，对本学期学习的内容讲目录、析结构、串线索、指重点，以便学生在以后的学习中能够有条不紊，主次分明。可以对学生进行学习习惯教育，要求学生培养良好的预习、听课、作业、复习习惯；明确该学科老师的学习要求，如：课前准备好学习用品，静候老师，以确保课堂教学时间，上课听讲专心，积极动口、动脑，认真做好听课笔记，勤于动脑思考，勤于动笔记录，勤于开口"说话"，勤于多问多听，勤于课外阅读，上课要眼到、耳到、手到、口到、心到。等等。

学段起始年级的导言课或者是接任别人的班级授课，那导言课的内容就要更多一点。如教师做一个有自己特色的自我介绍，谈谈个人的教学风格、教学成绩，教师也是一本书，有必要让学生了解自己；对该学科的学习内容做一个全面的简单叙述，谈谈该学科的学习的重要性和学习方法；就本学科学习对学生提出要求，比如英语科要每一个同学取一个英文名字；还可以对家长也提一点要求，如语文老师可以要求家长为学生购买必要的字典、词典以帮助学习；学段起始年级的导言课还要搞好"衔接"，讲清学段学习在内容、方法等方面的联系与区别。

三、导言课如何出彩，让学生"一见面就爱上你"

年年岁岁人相似，岁岁年年课不同。如何在每学期开学的第一节导言课中给学生耳目一新的感觉，让导言课出彩，让学生"一见面就爱上你"？

教师要"秀"出自我。比如在自己的名字上做一点小文章，学生永远不忘。笔者大学时有位老师名叫彭漱芬的教授，任教我们时已经五十岁有余，她自我介绍就说："我的'漱'不是'窈窕淑女，君子好逑'的'淑'；况且老师已经五十多了，也早就不是什么'窈窕淑女'了。"毕业二十年的聚会上，我们同学还拿老师当年的自我介绍打趣她呢。笔者有位叫"某大义"的同事，他的自我介绍也别出心裁。他说："我叫'大义'，看错的人以为是'大叉'。其实老师的教学水平'大差不差'的。"笔者自己的名字也较为生僻，"笃"是辈分，学生往往读音不准，我这样介绍："敲门'笃笃'响就到'家'啦"，学生一下子就记住了，而且好多年都忘不了。教师还可以谈自己的教学风格，教学成绩，科研成果，教学经验，往届学生的评价等等。教师要向学生展示自己的个人魅力，力图以自身的才华"征服"学生，"一口流利普通话，一手好板书，一副好口才，一笔好文章，一套好方法"等都可以在导言课上展示。

要展示学科魅力。比如有一位历史老师的第一节课，一上课，什么话也没说，就用多媒体打出这样的字幕，"毛泽东：历史是最让人清醒的教科书；《台湾通史》自序：国可灭，而史不可灭；龚自珍：灭人之国，必先去其史；培根：读史可以明智；马克思：我们只知道一门唯一的科学——历史学；列宁：忘记历史就意味着背叛。"把学生一下子就拉进浓浓的历史学习氛围之中。很多老师把要学习的学科知识与学生的生活紧紧联系，从学生生活的小事、身边事说起，也能一下子就激起学生的学习兴趣。

万事开头难，而上好第一节课十分关键，让学生在第一节课感觉你的课很有趣，在第一节课上就喜欢上你，并喜欢你的课，期盼着再上你的课，那你就首战告捷，达到了你预设的效果了，成功了。

上好新学期第一节"开宗明义"的"导言课"吧，让学生在第一时间里对我们的老师和我们的课堂、我们的学科一见钟情、相见恨晚！

开学第一课　教师如何"秀"自己①

　　良好的开端是成功的一半。一部好书，作者会撰写优美的卷首语吸引读者；一场好的晚会，主持人会用精彩的开场白粘住观众；一部优秀的电影，会用一个精彩的开头扣住观众的心弦；精彩的开学第一课，可以影响学生一个学期、几个学年，甚至一生。在开学第一课上，教师如何"秀"出自己，给学生耳目一新的感觉，让学生"一见钟情"呢？

　　"秀"姓名。在自己的名字上做一点小文章，往往会让学生永远难忘。笔者自己的名字就较为生僻，"笃"是辈分，学生往往读音不准，读"马""骂"的都有。我是这样介绍自己的："敲门'笃笃'响就到'家'啦。"学生一下子记住了"笃"的读音，也记住了老师的名字，而且好多年都忘不了。笔者有位叫"某大义"的同事，他的自我介绍也别出心裁："我叫'大义'，看错的人以为是'大叉'，其实老师的教学水平是'大差不差'的！"有的老师说，我的名字没有特色怎么办。其实，有时对自己的姓名稍稍"迁移"一下，效果同样良好。笔者读大学时的老师彭漱芬教授，任教我们时已经五十岁余，她自我介绍时就说："我的'漱'不是'窈窕淑女，君子好逑'的'淑'喔；况且老师已经五十多了，也早就不是什么'窈窕淑女'了。"毕业二十年的聚会上，我们同学还拿老师当年的自我介绍打趣她呢。

　　"秀"服饰。有一位老师接任了一个对历史学习普遍不大感兴趣的班级，怎样调动同学们学习历史的积极性呢？这位老师在开学第一课时，穿了一件特别漂亮的唐装在课堂上亮相了，靓丽的服饰一下子就吸引住了全班同学的眼球。

---

① 本文发表于湖北大学主办的《中学语文》2016 年 2 月下旬刊，该刊被中国知网、万方数据库、维普数据库、龙源期刊网收录。

这位老师上课也没有讲历史，而是让同学们观察、研究最感兴趣的他穿的唐装，在大家兴致最高昂的时机，老师话锋一转，说："唐装并不是唐代的服装，它是中式服装的通称，中式服装就叫中式服装呗，干吗叫'唐装'呢？"进而引导学生明白：唐朝是中国历史上最繁盛最让中国人骄傲的朝代；再引导学生思考：为什么唐朝可以最繁盛？唐朝的繁盛对当代中国人民的伟大复兴梦有哪些启示？再顺理成章导出"读史使人明智"、"鉴古知今"的道理，学生学习历史的"胃口"一下子就给"吊"起来了。

"秀"才艺。牛皮不是吹的，火车不是推的，教师的才艺是"征服"学生的最佳利器。一口流利普通话，一手好板书，一副好口才，一笔好文章，一套好方法，等等，都可以在开学第一课上予以展示。比如，有位老师的粉笔字写得与出版印刷的字帖一个样子，当他在黑板上写下自己的座右铭"端端正正写字，堂堂正正做人"时，不仅赢得学生的一片称赞，而且也对学生进行了无声的人格教育。有位老师特擅长写作，第一节课上，他表演现场作文，让学生说几个词，他用这几个词迅速写一段话，在学生一次又一次响起的掌声中，"才华横溢"的教师形象树立起来了，也让学生一下子克服了对作文的畏难情绪。优秀的教师都有几手"绝活"，在开学第一节课上展示展示，那是很抓"心"的，往往一下子就牢牢抓住学生的心灵，有时甚而至于引领一批"粉丝"，收获一批"绝活"的"传人"呢。

"秀"成果。推销自己的成果，往自己脸上"贴金"，无可厚非。有经验的老教师，把自己多年来发表的作品给同学们传阅，把多年的荣誉证书用多媒体课件向同学们展示，把一届又一届学生的留言让学生浏览，把参与省市教学教研活动与教育名家互动的视频在课堂播放……新任的教师也可以"秀"自己的成果：热火朝天的大学生活，融入社会的实习经历，初为人师的教育体验，可供学生借鉴的求学历程……总之，在开学第一课上"秀"成果，让学生油然而生敬意，这正是我们老师应该追求的教学境界，"亲其师"，才能"信其道"；敬其师，则更是无形的力量，让学生自发自觉地跟随老师"遵道而前行"了。

"秀"学养。学养建立起来的是教师的人文形象。教师学养在外表，要面带微笑、精神焕发、情绪乐观、充满激情；要打扮得体，装束儒雅，表情温和。教师学养在学识，教学要思路纵横捭阖，表述广征博引，见识深刻独到，说话幽默风趣。学养更表现为课堂艺术，要情绪饱满，文采飞扬；语言抑扬顿挫，铿锵有力，声音洪亮，有节奏富有质感；教学内容由浅入深，循序渐进，恰切处理。如有一位历史老师的开学第一节课，一上课，什么话也没说，就用多媒体打出这样的字幕，"毛泽东：历史是最让人清醒的教科书；《台湾通史》自序：国可灭，而史不可灭；龚自珍：灭人之国，必先去其史；培根：读史可以明智；马克思：我们只知道一门唯一的科学——历史学；列宁：忘记历史就意味着背叛。"几句名人名言就把学生一下子就拉进浓浓的历史学习氛围之中。老师再接着从学生身边的、熟知的当地历史古迹谈起，引经据典加以解析，一下子就激发了学生学习历史知识的浓厚兴趣。

习近平总书记说："教师是教育的第一资源，是发展教育事业的关键所在。"李克强总理也说过："最重要的教育资源不是楼房、不是课桌，而是教师。"优秀的教师，学生品评一生；庸劣的教师，学生批评一生。教师既然是教育资源的重要组成部分，那么，在开学第一节课上，教师"秀"出精彩的自己，增强教师这个教育资源的吸引力，让学生钦佩老师的良性心态驱动下，激发对老师和他任教的课堂、学科的兴趣，切实可行，也势在必行！

上好开学第一课　高起点步入新学期①

俗话说：良好的开端是成功的一半。一部优秀的电影，会用一个精彩的开头扣住观众的心弦；一场好的晚会，主持人会用精彩的开场白粘住观众；一部好书，作者会撰写优美的卷首语吸引读者；我们老师的课堂教学也应该是这样，上好开学第一课，拉开学科学习的序幕，让学生初步明了该学科学习的要义，了解学习的方法，激发学习的兴趣和强烈的求知欲，以最佳精神状态进入新学期的学习之中。这样一堂高质量的学期之初的导言课，可以影响学生一个学期、几个学年，有的甚至一生。

"开宗明义"的开学第一课，老师要讲些什么呢？

要讲课堂，定下课堂的教学"规矩"。开学第一课里，老师可以小结本学科上学期期末考试情况：得分情况，优秀者名单，得分失分情况分析，对上学期学生学习情况应予以小结，从中总结出本学科在新学期的学习建议等。还要讲本学期学习的内容和教学进度的大致安排，对本学期学习的内容讲目录、析结构、串线索、指重点，以便学生在学习中能够做到心中有数，主次分明，有条不紊。要对学生进行学习习惯教育，要求学生养成良好的计划、预习、听课、复习、练习、考试、小结、自学习惯。更为重要的是，要制定本学科、本教师课堂教学的"规矩"。俗话说，无规矩不成方圆，而在开学第一课上讲清规矩，是学生最容易接收的，也是落实得最好的。如学生听课要有"规矩"，课前就要准备好学习用品，静候老师上课，以确保课堂教学时间；上课要专心听讲，做到眼到、耳到、手到、口到、心到，认真做好听课笔记；课后要先复习，再做练习；练习本后有答案的，要做完之后再对照答案，对差错处要用颜色笔予以

---

① 本文发表于永州市委主办的《永州日报》（2015 年 8 月 18 日）教育专栏。

标记；等等。甚至还可以要求学生准备纠错本、预习本。

要讲学科，打造学科的无穷魅力。要对本学科的学习内容做一个全面而简洁的叙述，谈谈该学科学习的重要性。要传授本学科的学习方法，让学生的学习在最短的时间内收获最大的效益。可以就本学科的学习对学生提出一些特别的要求，如英语科要求每一个同学取一个英文名字，语文老师可以要求学生购买必要的字典、词典以帮助学习。如果是学段（小学、初中、高中）的起始年级，还要搞好"衔接"，讲清学段之间的学习在内容、方法等方面的联系与区别。更要展示学科魅力，从学生生活的小事、身边事说起，把学生要学习的学科知识与学生的生活紧紧联系，激发学生的学习兴趣。如有一位历史老师的第一节课，一上课，老师什么话还没说，就用多媒体屏幕打出这样的字幕，"毛泽东：历史是最让人清醒的教科书；《台湾通史》自序：国可灭，而史不可灭；龚自珍：灭人之国，必先去其史；培根：读史可以明智；马克思：我们只知道一门唯一的科学——历史学；列宁：忘记历史就意味着背叛。"几句名人名言，就把学生一下子拉进浓浓的历史学习氛围之中。

要讲教师，塑造教师的"高大"形象。学段起始年级或接任别人的班级授课的开学第一课，教师要做自我介绍。有的老师简单介绍一下自己的姓名就完了。其实，这远远不够。美国心理学家洛钦斯曾提出一个心理学现象叫首因效应，说的是"先入为主"第一次印象对今后交往关系的影响。印象良好，就愿意接近，彼此较快了解；初次见面就反感的人，以后的交往会很冷淡，甚至在心理和行为中产生对抗。所以，优秀的教师在开学第一课时，总是将自己精心"包装"，"隆重"推出，为学生留下"高大"的第一印象。教师如何推销自己？可以"秀"自己的才艺，才艺是"征服"学生的最佳利器。一口流利普通话，一手好板书，一副好口才，一笔好文章，一套好方法，等等，都可以在开学第一课上予以展示。有位老师的粉笔字写得好，他在黑板上写下自己的座右铭"端端正正写字，堂堂正正做人"，赢得学生的一片称赞；有位老师特擅长写作，他表演现场作文，让学生说几个词，他用这几个词迅速写一段话，他赢得学生一次又一次热烈的掌声。可以晒成果，把自己多年来发表的作品给同学们传阅，把多年的荣誉证书用多媒体课件向同学们展示，把一届又一届学生的留言让学生浏览，把参与省市教学教研活动、与教育名家互动的视频在课堂播放。还可以展学养，面带微笑、精神焕发、情绪乐观、充满激情；打扮得体，装束儒雅，表情温和；教学思路纵横捭阖，表述广征博引，见识深刻独到，说话幽默风趣；语言抑扬顿挫，铿锵有力，声音洪亮，文采飞扬，富有节奏和质感。教师也是一本书，也是学生学习的宝贵教育资源。良好的第一印象的建立，有助于学生在以后的学习中"亲其师，信其道"。

年年岁岁人相似，岁岁年年课不同。精彩的开学第一课，就是要给学生耳目一新的感觉，让学生在开学第一课就对任课教师、课堂、学科"一见钟情"！

借我一双慧眼　识别林林总总之无效教学①

教学工作是学校的中心工作，课堂教学是一切教育活动的主渠道。学生从进入小学到高中毕业，其学习的经历就是由一万六千多节课堂组成的。如果他上的每节课都是精彩的优课，那对于他的成长来说是多么幸运的事儿；如果碰上的都是劣课、庸课，那就只能虚度了光阴，蹉跎了岁月，空悲切了！正因为此，本文欲对林林总总的课堂教学中的无效、低效、负效（文中统称无效）教学行为做梳理归纳，期与同行们共鉴，在教学中予以克服，进而实施有效教学，打造高效课堂。

无效备课。 精心备课是实施有效教学、打造高效课堂的重要保障，教师备课应备课标、备教材、备学情。但有的老师的备课，仅是抄教材、教参，或是旧教案翻新，或是旧本子上抄抄、电脑上找找，于是教案中教学目标模糊，重难点把握不准，教学的组织、教法的选择、学法的指导、多媒体的设计均无周全的考虑。有的学校的备课组集体备课，就是大家凑教案，没有深入的讨论，没有集中全组老师的智慧，那也注定没有什么效果。

无效教学内容。 有的教学内容设计偏小，于是课堂结构松弛，过程缓慢，知识容量太小；有的课堂设计的内容多而繁杂，开放无度，贪多求全，四面出击，面面俱到，老师讲得汪洋恣肆，离题万里，学生云里雾里，不知其所云；有的安排过多的图片、视频，干扰了学生知识的建构和对问题的思考；有的提升过"限"，什么课都上成思想政治课，看似落实情感、态度、价值观目标，实则空洞说教，毫无收获。

---

① 本文发表于湖北省荆门日报传媒集团、湖北省教育科学研究院主办的《读写算》2015 年第 06 期（2015 年 3 月 20 日出版），原题为《无效教学行为之林林总总》该刊被中国学术期刊光盘版、中国学术期刊综合评价数据、中文科技期刊数据库、万方数据库收录。

无效教学目标。教学目标是课堂的灵魂，是课堂教学的指挥棒，是所有教学行为的指路灯。教学内容决定的是"教什么，学什么"，而教学目标决定的是"教到什么程度，学到什么水平"。由此可见恰当的三维教学目标设计对课堂教学的重要性。然而，有的教师三维目标设计不当，或只重知识、能力，不利于学生全面发展；或只重过程与方法，使课堂充斥不知所云的互动、游移离散的辩论、淡薄乏味的表白、空洞无效的作秀，只为活动而活动；或对情感、态度、价值观目标"贴标签"，脱离教学实际孤立地机械地空洞乏力地进行价值观教育。有的教学目标不聚焦，缺乏对教学内容的取舍整合，什么都有，胡子眉毛一把抓，未突出重点、突破难点，看上去是要点大而全，实际是课堂平均用力。俗话说：伤其五指不如断其一指，这样的过多目标设计，学生必定一无所获。有的教学目标设而不用，该讲的不讲，不该讲的大讲特讲，目标形同虚设。

无效课前准备。有的预习是无效的，无目的无指导的预习，或仅做几个习题的预习，或只要学生从参考书上抄几个答案的预习，对课堂学习没有多大帮助。有的老师上课迟到，打了预备铃，学生还在慌慌张张找教材、找文具、找资料，手忙脚乱，吵吵闹闹，或懒懒散散，对课题充满厌烦感，老师进入教室就上课，课堂效果也必定不会理想。有的老师上课必有复习旧知环节，复习旧知应为学习新知作铺垫，要有有机联系，有的课堂复习纯属炒冷饭，如何调动学习的新知识积极性。有的课堂的导入形式化、无激情、无吸引力，或天天一个面孔、一个腔调，如何激发学生探求知识的浓烈兴趣。

无效课堂教学。课堂由一系列活动组成，然而有的课堂活动形式化，老师一提问，学生全回答，个个伶牙俐齿，师生"交流融洽"，看似热闹，冷静一想，根本没有有效的思维活动，学生随口即答，有何收获?！有的活动片面化，不切合教学实际地设计小品、课本剧、情感剧、辩论赛、抢答赛，仅几位优生参加其中，余为看客，听课成了看课，学生无参与和体验；有的活动低幼化，不符合学生年龄特点；有的活动自由化，赋权不增能，学生无指导；有的活动单一化，老师牵着学生走，每走一步都被老师拉回，实际还是老师主演、学生协助。许多老师爱上了小组讨论这样的交流活动，不管什么问题，也不看问题难易，不管是个人可以解决的还是一定要协同才能解决的问题，老师大手一挥："下面，同学们讨论。"于是乎，4人一组，8人一组，你转身，我搬凳，你说我说大家说，教室里热闹极了。但如果细察，好多学生讨论的不是老师布置的话题，更有一大批潜能生睁着一双茫然的眼睛，不知所措，被无形地边缘化了，学生内在的思维没有被激活，自主成了自流，学生主体的课堂理念被表层化、肤浅化。课堂提问可以促进师生互动，落实教学目标，有经验的教师总是巧妙设问、诱发疑问、适时追问，用妙趣横生的语言激起学生思维的涟漪。好的提问，问得清楚明晰，问得有价值，问得有趣味，问得有公共性，且留给学生思考的时间。然而有的老师把满堂灌改为了满堂问、满堂动，问题不问难易让学生逐个回答，一一讨论；有的老师提的问题是"对不对""是不是"这样的简单问题，或学课文必问"这篇课文讲了什么，什么人物做了什么事"这样的低年级学生可以回答的问题，学生如何有回答的欲望；有的问题大而空，学生找不到切入点，只好问而不答，或答非所问，造成学生对问题的麻木和对老师的依赖。有的老师在学生回答问题后不给予恰切的评价，或对学生的错误，全盘否定，让学生在课堂上颜面尽失，为寻求一个正确的答案，不惜牺牲学生的求知的心灵，实在是得不偿失；有的却走向另一个极端，评价失真，不论学生回答如何，都是"棒！棒！棒！你真棒"，"表扬他，顶呱呱"，情感匮乏的赏识泛滥，让学生无法匡正思维，反而形成虚荣，实在是对学生成长有百害而无一利。课堂应是师生对话、生生对话，生本（文本）对话和自我对话，然而，有的课堂对话掩盖了真实意图，学生鉴于老师的权威和怕说错话的心理，不愿表达自己的真实意图；老师怕挫伤学生积极性，也只好不好说好了；有的对话偏离了主题，只能浪费学生的学习时间；有的对话脱离了文体，解决不了问题；有的对话中，老师总是引导学生往标准答案上靠，靠上去了老师才如释重负，是标准答案式对话；有的对话如自言自语，偏离了主题不知调节，于是乎，这个学生说这个，那个学生说那个。这样的课堂，有"温度"无"深度"，学生"小脸通红，小眼发光，小手直举，小嘴常开"，但课堂却缺乏令人怦然心动的真心的精神愉悦。

无效练习与检测。练习与检测是巩固课堂教学效果的重要环节，既有量的要求，又有质的规定。练习与检测，习题选择是关键，要精，"无师自通"的瞎练，照抄参考书的抄练，无层次无指导无目标的乱练，只能是浪费了学生宝贵时间；发了不收，收了不改，改了不纠，纠了不评，练又何用?!

无效教学语言。苏霍姆林斯基说："教师的语言修养，在很大程度上决定着学生提高脑力劳动的效率。"教师课堂上信口开河、随意性大的语言，呆板单调、缺乏吸引力和趣味的语言，声音过大过小，带口头禅、尾音的语言，废话连篇、偏离主题的语言，知识储备不足，与时代脱节，拖泥带水，烦琐不堪的语言，让学生昏昏欲睡，何来课堂高效。

无效多媒体。多媒体图文并茂、声情并举、动静结合，把抽象问题具体化、形式化，在帮助学生探索规律、构建新知上作用不少，但它只能在教学中起辅助作用。有的老师上课，幻灯一张接一张，视频一段接一段，图片闪亮，音乐回响，热闹异常，回头一想，什么都忘，老师成了放映员，学生成了观众，课堂成了"电子填鸭""电灌（电子满堂灌）"。

无效课堂管理。合作交流探究，没有纪律做保证，肯定不会有效果，有的课堂，学生搞小动作、讲小话、睡觉，老师都不管，能有效果吗？

课堂深深深几许。让我们正确认识新的教学理念，重新审视新课程理念下的课堂教学，合理选择教学手段，走出无效、低效、负效教学的误区，为我们的课堂教学注入新的活力。

说课的十二大误区①

近年来，说课越来越热，成了招聘新教师、骨干教师评聘、教学基本功比赛等活动的重要项目之一。笔者有幸听过许多教师的说课，感觉不少老师在说课中存在诸多偏差与失误，于是细细归纳，期与教育同仁商榷，以推进教师说课水平的提升。

说课活动中有哪些误区呢？

一、等同上课，搞错对象。有的教师说课时，把讲给学生的知识照搬不误地拿来讲给评委听；有的教师习惯于用对学生讲课的口气对评委说，这就弄错了对象，把说课当成了上课。殊不知，说课与上课是有明显的区别的：一是要求不同，上课是有效地把知识教给学生，说课则是说清"教什么"、"怎么教"之外，还要说清"为什么这样教"；二是对象不同，上课的对象是学生，说课的对象是更专业、更理性、但不一定更宽容的同行或专家；三是内容不同，上课的内容是向学生传授知识以及学习的方法，说课则是"说"教学的思路轨迹、方案的如何设计、教学的优胜之处、设计的主要依据、要达到怎样的教学目标。

二、等同教案，搞错内容。说课稿与教案有联系，也有明显的区别。教案是教师进行课堂教学的操作性方案，重在设定教学的内容和行为，体现的是"教什么"、"怎么教"。说课稿多以教案为蓝本，为第一手参考资料，教案中的精华要在说课中体现，但说课稿侧重于有针对性的理论指导的阐述，更重要的是要体现出执教者的教学思想、教学意图和理论依据，即思维内核，要从理论和实践的结合上具体阐述"我为什么要这样教"。而且，上课一般是45分钟；

---

① 本文发表于共青团甘肃省委主办的兼顾教育教学研究的青年刊物《新一代》2016年2月刊，该刊被万方数据库收录。

说课不宜过长，一般是 10 分钟左右。

三、舍本逐末，脱标离本。课标，是国家课程的纲领性文件，是国家对基础教育课程的基本规范和质量要求；教材，是学生的学习之"本"，教师的授课之"本"。很多教师说课，找了一大堆教材的参考资料，东摘摘，西抄抄，然后说课，这是典型的"舍本逐末"。为什么？因为所有参考资料都是"课标"、"教材"这个"本"所衍生的"末"；任何撇开教材的努力，都是舍本逐末的行为，结果只能是徒劳。"书读百遍，而义自见"，说课取得好成绩的老师的经验告诉我们，与其乱找参考资料，不如在反复阅读中寻求对课标、教材的深刻理解，这个理解才是我们用心默契作者思想的产物，是我们说课之"神"，有了它，我们的说课就能更加气韵生动，收放自如。

四、就课论课，忽视理念。理念是说课的灵魂。说课仅仅讲述"怎样教"、"怎样学"，是经验型的教学；深入的阐述"为什么要这样教"和"为什么这样学"的道理，说课才"上档次"。如何才能做到理念先行？要认真学习教育教学理论，主动接受教育教学要改革的新信息、新成果；要以学科基础理论为指导分析教材，以心理学、教育学理论为指导分析学情，以学科教法和教学论为指导设计教法；上升到理论高度并使之系统化、规律化，把自己的教法升华到教育、教学的理论高度。

五、"读""背"太多，无"说"的特色。说课不是"背"课，也不是"读"课，既不能按教案一字不差地"背"下来，也不能按说课稿一字不差地"读"下去。说课类似于演讲，一般要求脱稿，演讲似的慷慨激昂，让听众从抑扬顿挫、高低升降中体会说课内容的精彩；要善于运用恰当的语气、节奏、表情、音高等语音艺术表达自己的思想，最大限度地取得评委听众的共鸣。成功的说课要考察教师的语言感染力，评委将会从说课的语言风格中分析判断参赛选手的课堂语言是否具有吸引力，是否能够运用生动诙谐、抑扬顿挫且富有激情的语言去震撼学生的心灵；评委要透过说课去思考这位老师的课是否会赢得学生的喜欢。好的说课，有问有讲，有读有说，用自己的语言变化将评委带入课堂教学的情景之中。

六、涵盖不全，明显缺漏。说课说什么？在内容方面是应该有"规定动作"的。要说教材，说清学习内容的范围与深度，明确"教什么"；揭示学习内容中各项知识与技能的相互关系，知道"如何教"。要说学情，要以学定教、以学评教、顺学而教、教为学服务。要说教学设计，要说明每个教学环节预设时间、根据、意图、目的。要说板书，助于了解教师讲课的思路，教材的逻辑线索。要说评价，怎样评价，评价什么，意图是什么，效果如何。要说开发，教学是"用教材教"而不是"教教材"，教师要灵活处理、开发教材。要说得失，要反思自己本节课的成功之处、不足之处，今后怎么办。

七、缺乏钻研，质量不高。 好的说课，应该是说"准"教材，说"明"教法，说"会"学法，说"好"教学意图，说"清"练习层次。如对教材的分析要正确、透彻，不仅要从微观上准确无误地弄清弄懂各知识点的内涵和外延，更重要的是要从宏观上正确把握本节课教学内容在本学科、学段的地位、作用，还要明了本课内容的知识结构体系，深刻理解各知识点之间的联系。对学情的分析要客观、准确，尽量从学生学习本课的原有基础和现有困难两个方面分层次的、客观、准确的分析。教学目的的确定要符合课标要求、教材内容和学生实际。学法指导和教法选择不可一言以蔽之：我运用启发式、直观式、自主探究法、合作讨论法，要说清如何启发，怎样操作。学生的练习，也要说清层次与设计的理由。

八、满篇陈言，没有创新。 风格清新、标新立异、特色鲜明、个性突出往往是竞争取胜的法宝。说课也是这样，我们很难想象一个"常规套路加理论粘贴"的说课稿会有取胜的机会；相反如果针对教材的特点紧紧突出自己的个性化教学设想，哪怕是某一片断的创造性设想，说清楚自己的教学思路，让人很快接受自己的教法思路，也有可能获得意想不到的成功。说课语言力求清晰流畅，说课稿文字力求简洁生动，书写格式、图片表格力求明快醒目，富有感染力，显示出教者的语言素养和文字功底。总之，陈言务去，老调"别"弹，说出见解，耳目一新。

九、过于平淡，没有亮点。 说课切忌平铺直叙，流于形式，内容空泛，笼而统之，泛泛而谈，要突出亮点，表现说课者的个性化特征。或是在情景设置方面能引起兴趣、引导探索；或是在问题剖析方面给学生以自主思考、合作研究、不断顿悟的时间和空间；或是在内容的阐述上深入浅出、抑扬顿挫，让学生明理、明德。所以说：平铺直叙、平平淡淡、人云亦云的说课是不会有好效果的。

十、详略不分，没有主次。 说课，面面俱到，10分钟如何说完？说课内容过多过杂，往往会导致规定时间内说不完，或者为应对而说得匆匆忙忙；再则，面面俱到必然是蜻蜓点水，浮光掠影，成绩平平，理所当然。说课，要重点说出如何引导学生理解概念、掌握规律的方法，说出培养学生学习能力与提高教学效果的途径，要多分享教育理论，个性化的创新点，要交代清楚；对重点难点、教学流程及理论依据要详讲，对一般问题要略讲，给听众记忆反应的时间。合理分配时间，避免虎头蛇尾，头重脚轻。

十一、颠三倒四，条理不清。一篇课文可说的内容是十分丰富的，撰写说课稿前一定要列出详细的提纲，复杂的内容还要列出相应的细目，以保证写出的说课稿条理清晰。特别要注意在说课稿中多次出现的材料，因为这些材料自身内容的多元性，它们每次出现时的侧重点是不同的，撰写说课稿时一定要准确无误地写出每一个材料每一次出现所起的作用，与前面或后面使用此材料时的意图区别开来，避免同一材料多次出现导致的颠三倒四。说课时也应注意思路清晰，不要出现思路"串联"的现象。

十二、服饰不当，失于仪表。仪表仪态，是最重要的第一印象，会产生首因效应、晕轮效应，继而影响评委的评判。说课者要注意着装，不要过于随意时尚，也不要过于正式，以免引起考官的反感或冷落。着装的原则是符合教师的身份和职责，要"衣着整洁，朴实大方，服饰要符合职业特点，体现教师为人师表的好形象"。在这里特别提醒一下女教师，着装忌露，忌透，忌紧，忌异，忌乱。好的着装是正式中透露大方和得体，能尽量显示自己美点，又不要过于呆板。除了衣着，精神状态也很重要，一个好的老师是充满活力的老师，所谓面由心生，平常保持乐观健康的情绪和态度，人的面相和精神状态自然会发生变化。

说课评价"看"什么?[①]

说课活动越来越热,新教师试教、教学比武、骨干教师评聘等都要说课。在 10 分钟左右的时间里,有的说课活动说的还是同一个课题,评委如何为之分出高低,如何对这样的说课做出有区别性的评价呢? 笔者认为可以从下列两个方面来考察。

一、从说课的内容方面来考察

看教材处理。说课要说清"教什么"和"如何教",因此,说课脱离教材那是无本之木、无源之水。说教材时,要说清教材编写的思路与结构特点,教学内容在节、单元、年级乃至整套教材中的地位、作用和意义,课标的要求。教学目标的设计要完整,应该涵盖知识与技能、过程与方法、情感态度价值观;要可行,符合课标要求,切合学生实际;要可操作。要说清教学的重点难点及二者的关系。还要说教材开发,教学是"用教材教"而不是"教教材",只要能完成课标的要求,教师可以对教材内容的重新组合、调整,联系现实生活的例子,补充课文外的资料或视频等。还可以说说开发这些课程资源的目的、效果。

看学情分析。这个学情是学生已有的知识基础、已有的生活经验、已有的学习方式和学习习惯。把握了学生的知识基础,就能找到学生的"最近发展区",知识迁移才有根基;已有的生活经验是学生学习新知识的重要基础和桥梁;同样的课程,如果不顾及学生的学习方式和学习习惯,不注意学生的年龄

---

① 本文发表于内蒙古社会科学联合会主管,中国外语学习学研究会主办《文理导航》2016 年第 2 期,该刊被国家新闻出版总署、中国学术期刊综合评价数据库、中国期刊全文数据库、中国学术期刊(光盘版)、万方数据－数字化期刊群收录。

特点以及由于身体和智力上的个别差异所形成的学习方式与风格，就容易赶鸭子上架，事与愿违。

看模式构建。教学模式，是在一定教学思想或教学理论指导下建立起来的较为稳定的教学活动结构框架和活动程序，它从宏观上把握教学活动整体及各要素之间内部的关系和功能，突出了教学的有序性和可操作性。模式是一柄"双刃剑"，我们需要模式来规范和矫正，但又容易陷入"模式化"的误区而机械、迂腐、僵化。教学有法，但无定法，贵在得法；无法之法，乃为至法。招法自如，无招胜有招；机智灵活，才能务实高效。说模式，说的是"教学理念，常规套路"；说模式，说的是"运用之妙，存乎一心"。

看教学设计。教学设计是说课过程中最重要、重实在，最能看出底细的环节。这一环节，说课者应当介绍自己在对教材与学情分析的基础上，根据本门学科的教学模式，这节课设计了几个教学环节，每个环节的预设时间是多少，每个环节的根据是什么，设计的意图和目的是什么。说完设计，要让听众明白此节课的教学目标、知识脉络、流程安排、预设问题、双边活动、教学手段、课堂场景，等等。不仅要感性呈现，还要有理性分析。

看教学板书。多媒体课件是滚动的，板书是相对静止的，多媒体不能完全取代板书，而板书留在了黑板上，便于学生记录和思考。学生看着教师的板书就能了解教师讲课的思路，就能了解教材的逻辑线索，课后看着笔记本就能复述该节课的主要内容，所以有经验的教师很注重板书设计的艺术。通过教师的板书也能够看出教师对教材的把握情况。

看课后评价。课堂评价的主体是多元化的，评价方式也是多样化的，其内容包括教师对学生的评价、学生对教师的评价和学生相互之间的评价：教师是怎样开展评价的，在课堂教学中主要评价了什么，其设计意图是什么，效果如何。评价标准与评价方式也是教学理念的具体体现。一般说来，评价标准映射课堂追求，而评价的方式则直接反映课改进程。如有的教师基础知识通过巩固练习和达标测试步步清、人人清，其目的是关注每一个学生，实现教育过程的公平，不让一个学生掉队。有的教师评价方式上对小组实行捆绑式评价，其目的是鼓励学生的合作学习，让学生形成合作团队。

看教学得失。一堂课结束后，教师要反思教学得失，说出自己认为本节课成功之处是什么，不足之处是什么，为什么，今后怎么办。课前说课，对教学设计、教学评价、课程资源的开发等解释说明要具体一些，要让听众知道你是如何设计并实施以上措施的。课后说课，重点谈设计的意图、得失。

二、从说课内容以外的方面来考察

看教学基本功。教学基本功就是教师从事学科教学必备的，相对稳定的，综合性的教学技能和修养，是教师完成教学任务的"奠基石"，是发展平台。说课中可以看到说课者的书书写基本功：不写错别字，不写草书，书写规范，大小适度，字迹美观，章法合理、掌握基本的写作技能；教学语言基本功：声音洪亮，吐字清晰，语言流畅，快慢结合，准确使用学科语言，亲切自然，情感丰富，具有感染力和启发性；多媒体教学基本功：做到现代教育技术与课程有机融合，改变教学内容的呈现方式，增强教学的直观性和趣味性，激发学生的积极性和主动性，提高课堂教学效率。等等。

看教学能力。看说课技能，它具有演讲特点，它集中体现在说者的心口相应的协调和演说的技巧，让听者明白说课者所要进行的课的内容、目的、策略、手段、效果的评价、教学思想及行为所引起的效应，从而推知说课者的教育教学能力。从说课过程看，说课促使教师的教学研究从经验型向科研型转化，促使教师由教书匠向教育家转化。因为教学思想的阐发，能够使教师明确教育教学观，展现教学设计，反思教学设计的预测或现象，提升教师的教学能力和升华教师的教学境界。

看教学理念。新课改要求变重"教"为重"学"，讲求以学定教、以学评教、顺学而教、教为学服务。从说课内涵看，教学理念是整个说课的灵魂所在。没有教学理念的说课，说课便没了分量。从说课表达形式看，它不是教案的复述；不是对上课的预测和预演，它是在兼有上述两点的基础上，更加突出地表达授课教师在对教学任务和学情的了解和掌握情况下，对教学过程的组织和策略运用的教学思想方法，注重的是对教育理论的诠释，展现教学境界。

看综合素养。教师的综合素质主要包括政治思想道德素质、业务素质和个性心理品质。"经师易做，人师难当"，教师教学首先应坚定正确的政治方向；要有崇高的职业理想，对学生和教育充满爱和责任感。"资之深，则取之左右逢其源。"教师要有扎实的业务知识；要有精湛的专业技能：和他人交往的能力，组织管理能力，教育研究能力，圆满完成教学任务的能力，对学生的学习、生活和心理健康的指导能力，提高自我修养与素质的信息摄取能力。要培养出个性品质健全的学生，教师本人首先要有健全的人格，要拥有较大的心理容量，保持稳定的情绪，永远保持乐观的心境。台上十分钟，台下十年功，高明的评判者，一眼就看透说课者的综合素质。

教研员评课要注意几"点"①

听课评课是教研员的基本功，是教研员的基本工作内容和方式。教研员通过听课评课提高教师的教育教学水平，提升教学素养，促进教师改进教学实践，深化课堂教学改革。教研员如何准确地、客观地评价一节课？笔者以为要注意以下几"点"。

一、站在制高点，审视全局，助推区域整体进步。这个"制高点"，不是说教研员要"高高在上"，而是说，教研员既是教师的同行、朋友，又应该是教师中的"平等的首席"、"教师之师""全区域之师"，教师的指导者，教改的引领者。因此教研员的评课发挥好"首席""全局"的作用：在了解与分析所辖区域内的教育教学现状、学科师资情况、筛选业务骨干的基础上评课；在有计划地构建典型教师梯队，进行扶植培养，跟踪指导的基础上评课；在深入一线的基础上提出既有利于课改又有利于提高教学质量的对策，同时在学校教学管理方面有助于促进新的管理模式的建立，提供最有价值的实践知识，引领全区域教育教学发展的基础上评课。

二、找准出发点，引领发展，提升课堂教学水平。教研员为什么要评课，这个评课的出发点就是要通过对上课教师的课堂教学的评价，全面诠释教研员的课堂教学的理念，从而引领全区域更多的老师，改进教学，提高教学水平。找准了这个出发点，教研员的评课就不会就课论课，就会站在一个更高的高度审视上课者的课堂教学，就会在更宽广的领域看待执教者的教育教学行为。教研员的角色主要应该是"伯乐"，是为教师的业务发展提供指导与服务，并发现

---

① 本文发表于山东出版集团主办，中国教育科学思想研究会协办，中学时光杂志社出版，面向全国公开发行的教育教学类综合性教育期刊《新校园》2016年第2期，该刊被中国核心期刊（遴选）数据库、中文科技期刊数据库、维普网、万方数据库、龙源期刊网收录收藏。

他们的教学经验，为这些经验的展示、辐射与提升创设机会和平台，使之成为区域的共享资源。

三、捕捉闪光点，深入开掘，引领老师正捕向发展。"我们的世界不是缺少美，而是缺少发现美的眼睛"；无论是公开课还是常态课，不是缺少闪光点，而是缺乏我们对闪光点的发现。这个闪光点可能映射在一个片断、一幅画面、一则板书、一个问题、一个活动、一个细节之中，我们只要用心观察，体悟课堂，善于从教师提供的静态设计与组织的动态过程中去分析，就能挖掘授课教师的闪光点所在。开掘闪光点的过程，也就是引导教师正向发展的过程。当老师的课堂闪光点频频时，就是这位老师走向教学成熟、走向卓越之始。

四、分析敏感点，巧妙延伸，匡正教师教学思维。教师对课堂教学的问题争论不休，往往是敏感的问题，这样的问题如果得以解决，有时会起到意想不到的匡正教师教学思维的奇效。比如，有一次课堂教学比赛时，一位功底相当好、课堂表现也不错的参赛者在课堂结束时说了一句"谢谢同学们的配合"，评委将这位参赛者定为三等奖。评课时，老师们对此议论纷纷，有赞成的，有为之抱不平的，而且两派之间似乎各说各有理。我在评课总结时，点明了"谢谢同学们的配合"这一句话，透露的是执教者课堂教学中依然是"教师本位"，没有深刻领会"以学生为中心"的新课改理念；而理念的偏差是致命的缺憾。似乎一语点醒糊涂人，大家放弃了争执，回到了正确的轨道上来。所以，教研员评课时，能抓住教师们感兴趣的敏感话题，一方面会激起参与评课老师的浓厚兴趣，大家有话想说，有话可说；另一方面，对这样的敏感点予以点评，帮助那些迷茫的老师澄清思维，这样的评课活动才能真正有收获，有实效。

五、抓住生长点，精心培育，让青年教师苗壮成长。评课中，我们会面对诸多的教坛新手，对这些刚刚入行的年轻教师，我们求全责备，横加指斥，往往会严重挫伤他们的教育教学积极性，有的甚而至于厌教、弃教，所以，对于这样的年轻教师，我们要尽量找到他们的"生长点"，在评课时"广而告之"，对其大家赞赏，让执教者找到自信，进而从这个优势区域向"最近发展区"迁移发展，说不定，过那么几年，这位执教者会发展为一名优秀的教师。笔者就碰上一位这样的年轻人，书法特好，上课一般。我评课时对他的这一个"生长点"大加赞赏，并让他参加市里的青年教师素养大赛。比赛下来，虽然综合名次不很理想，但他的书法却获得全市第一名的好成绩。从此，这位年轻的教师，一发而不可收，一年里，文章获得省级大奖，课堂教学水平也突飞猛进，被送到省市参加了几次培训之后，在县里成了小有名气的"教坛新秀"，还成了与他一同参加工作的同行的培训教师！

六、扭住病痛点，妙手施治，纠正教师教学偏差。教研员评课如果不关痛痒，往往收效甚微，所以，有时候教研员也要下狠心，扭住病痛点不放，切实纠正教师教育教学中存在的偏差。比如，有的老师对"教育信息化"的理解出现误区，以为"教育信息化"就是在课堂中让学生多看多媒体课件，于是乎一节课从头至尾放上四五十幅课件，学生在"看电影"，过后即忘。对这样的无效、低效教学行为，教研员如果不予纠正，怎么能提高教育教学质量?! 其实，这样的无效、低效课堂教学还有很多很多，教研员一点要慧眼识之，予以纠正。

传统课堂教学的诸多弊端①

传统课堂教学指的是 19 世纪初德国教育家赫尔巴特创立的，后经苏联教育家凯洛夫发展而形成的教学思想和模式，其课堂教学的形式就是大家熟知的组织教学、复习旧课、讲解新课、巩固新课、布置作业"五段教学法"。从历史角度看，它曾经发挥过积极的作用，就是在今天也不是一无是处；但是，从发展角度看，它存在诸多弊端，成为当前中小学推进新课改的障碍。本文欲就其存在的诸多弊端做如下梳理。

一、教学思想上，传统课堂教学是"主知主义"、"教师中心"，以书本、教师、教案为本，重理论轻实践、重理性轻感性、重结论轻过程。"主知主义"把学生的培养局限于知识的传授而忽略人的全面发展，"教师中心"则忽视学生作为"人"在教学中应有的地位和权利。依教育心理学的观点，学生不论学习什么知识，都要透过语言文字、符号图表把它们所代表的实际内容想清楚，以至于"活"起来，这样的学习才是有意义的学习。相反，如果学生只记住一大堆干巴巴的文字符号，而没有理解其中的实际内容，这样的学习便是机械的、低水平学习。为此，联系实际，或借助直观、形象，或通过实践、活动来学习，就被认为是学生学习的一条基本规律，"纸上得来终觉浅，须知此事要躬行"嘛。现代教育心理学研究指出，学生的学习过程和科学家的探索过程在本质上是一样的，都是发现、分析、解决问题的过程。这个过程既是暴露学生各种疑问、困难、障碍和矛盾的过程，又是展示学生聪明才智、独特个性、创造成果的过程，过程至关重要。重结论轻过程的传统教学排斥了学生的思考和个性，

---

① 本文发表于吉林省舆林报刊发展有限公司主办、考试周刊杂志社 2015 年 9 月 10 日编辑出版的第 73 期《考试周刊》。该刊为吉林省精品期刊、吉林省一级期刊，被中国知网、万方数据网、维普中文科技期刊数据库、龙源期刊网、中国学术期刊网、中国核心期刊（遴选）数据库收录。

把教学过程庸俗化到无须智慧努力只需听讲和记忆就能掌握的程度，于是便有了掌握知识却不思考、追问、评判、创造知识的"好学生"、"书袋子"。这实际上是对学生智慧的扼杀和个性的摧残。夸美纽斯指斥中世纪学校"变成了儿童恐怖的场所，变成了他们才智的屠宰场"；恩格斯批评英国的爱北斐特中学"流行着一种非常可怕的背书制度，这种制度半年时间就会使一个学生变成傻瓜"；毛泽东批评旧的教育"摧残人才、摧残青年"，使学生"越读越蠢"，指的就是这种情况。

二、教学目标上，传统课堂教学重知识轻能力，重认知目标达成轻学生个性发展。 知识掌握、能力形成是学习的结果，而知识掌握、能力形成的过程才是学习的本身。学生的大脑就是一片肥沃的土地，知识是用来思维的元素，知识是种子，思维是耕种，只有把知识用思维耕种到大脑里的时候，知识才能变成力量，否则就是无用的垃圾在大脑里的堆积。盲目追求知识掌握、追求升学率，把学生当作接受知识的容器，教师只为考试而教，学生只为考试而学，严重违背了教育的本质规律。当然，千改万改，知识不能改，完成认知目标的确是教师教学中重要的任务。但在新的以人为本的教育理念下，我们必须考虑学生的个性发展，关注学生除认知以外的情感、态度、价值观等的发展。

三、教学程式上，传统课堂教学重学轻用，重预设轻生成，重教法轻学法，重灌输轻探究。 传统教学强调学习系统的书本知识，不重视知识的运用，结果培养出来的学生高分低能。在传统教学看来，课堂教学就是按教案完成规定的教学任务的过程，课堂就是教师展示设计好的教案。在传统的课程观中，课程内容规定"教什么"，教学则负责"怎样教"，课程与教学的界限是泾渭分明的。课程内容由政府和专家判定，教师的职责是踏实而有效地传递课程内容，扮演着"执行者"、"传声筒"的角色。教师不是"用教科书教"，而是"教教科书"。师生教学关系就是：我讲，你听；我问，你答；我写，你抄；我给，你收。老师精心钻研的是教法，而不是学生怎样才能学好的学法。课堂上，当学生对问题的回答正是所期望得到的答案时，教师便会立即抓住，如获至宝地加以肯定或赞扬。课堂教学中，一问一答多，探索交流少；强求一致多，发展个性少；教师讲解多，学生思考少；操练记忆多，鼓励创新少；照本宣科多，智力活动少；应付任务多，精神乐趣少；显性内容多，隐性内容少；批评指责多，鼓励表扬少。

四、教学主体上，传统课堂教学中教师是主动者、支配者，学生是被动者、服从者。教师、学生、家长以至全社会都有一种潜意识：学生应该听从教师，听话的学生才是好学生；教师应该管住学生，不能管住学生的教师不是好教师。教师总是希望学生能够按照自己课前设计好的教案去展开教学活动，当学生思路与教案不吻合时，教师往往会千方百计地把学生的思路"拽"回来。"死的"教案成了"看不见的手"，支配、牵动着"活的"教师与学生；课堂成了"教案剧"演出的"舞台"，教师是主角，学生是配角，是不起眼的"群众演员"，很多情况下只是"观众"与"听众"。学生普遍反映学习不幸福，而这样的状态不被教育者关注、理解；学生学习的动力主要来自分数的压力，而不是来自对知识内在的追求、爱好。传统课堂使我们的孩子失去了许多宝贵的东西：失去了主动学习的习惯，变得低能；失去了积极的人生态度，变得惰性；失去了梦想激情，变得麻木呆板；失去了天真活泼、开朗乐观的品质，变得少年老成。

五、教学评价上，传统课堂教学评价都是单一性的标准、主体、内容、形式、过程、目的。传统课堂教学评价标准，以传授知识和技能为基本的教学目标，评价的功能只定位在检查学生对知识的记忆、理解和应用上，而忽视了对学生的自主、合作、探究能力的评价。评价主体基本上是自上而下的，教师是整个教学过程的主宰者，学生只能无条件地服从于教师。评价的内容只关注学业成绩，忽视对学生综合素质的培养，只关注对知识和技能掌握的熟练程度，忽视情感、态度、价值观。评价形式主要是测试，只关注学生的成绩和排名，学生人人自危，彼此互相敌对。评价过程主要是通过各种小考和测试，在课堂上主要体现在结束课程后的检测或阶段性考试。评价目的过于关注甄别与选拔，忽视改进与激励，一切为了"分数"，只见"分"不见"人"，造就了大批高分低能、低分低能的学生。

某学校的高考励志牌上写着："世界上有四种人：人渣、人手、人才、人物，你要当哪一种人？我们不能成为贵族的后代，但我们可以变成贵族的祖先。"传统课堂教学就这样让我们"两眼一睁，开始竞争"，学生的学习动力是这样的极端功利化、自私化、庸俗化。我国著名教育家潘光旦先生曾经指出：教育是养成人格的事业，教人做人总是第一位。让教育回归本质，让我们高举新课改的大旗，力克传统课堂教学的种种弊端，为培养有道德有人格的新公民而不懈努力吧！

按照美的规律打造实验教学①

　　教育家苏霍姆林斯基说："我一千次地确信，没有一条富有诗意的情感和美的清泉，就不能有学生全面智力的发展。"实验教学中，促进"学生全面智力的发展"的"美的清泉"是什么呢？那就是实验教学自身的美感，这种美感体现在教态、语言、板书、流程和环境等方面。

　　得体热情，实验教学的教态美。俄国教育家乌申斯基说过，教态"对儿童心灵是一股非常有益的阳光，而这种阳光是没有东西可以代替的。"毛泽东同志在说到教授法时也强调要"以手势助说话"，可见教态在教学中的重要作用。什么是教态呢？教态就是教师在教学过程中的衣着打扮、仪表风度、行为举止和情感态度等方面的表现。实验教学中，教师要以怎样的教态之美来感染学生呢？首先，要衣着得体、整齐，着装的颜色宜单纯统一，不宜花俏，否则，实验时，老师花花绿绿的服饰在学生面前晃来晃去，既分散学生的注意力，也影响学生对实验现象的观察。还要注意冬不太厚夏不透露，女教师可适当地化淡妆，切忌浓妆艳抹。其次，实验教师的眼神要诚挚热情，手势要稳重简明，表情要敏锐活泼，动作要大方得体，神态要潇洒自如。在此最值得一提的是态度、手势和眼神。对某些有一定危险的实验，教师的态度切忌缩手缩脚，因为老师一缩手缩脚，学生就会害怕危险而不敢尝试了，应在讲清步骤、注意事项的前提下，沉着镇定地大胆实验。实验教师的手势，宜少不宜多，宜简不宜繁，特别注意手势对操作过程讲解的辅助作用及指点器皿的准确到位。实验老师的眼睛要能说话：给缩手缩脚者以鼓励，给手忙脚乱者以安定，给急功冒进者以制止。实

---

①　本文发表于山西省教育厅、山西省教育教辅传媒集团主办的《新课程学习》2015 年第 05 期（总第 221 期），该刊为山西省一级（优秀）期刊，被中国知网、万方数据库、龙源期刊网、维普网收录。

验老师满含微笑的眼神，是对学生无形的亲和与鼓励，会对实验教学产生良好的效果。

规范动听，实验教学的语言美。 苏霍姆林斯基说："教师的语言素质，在极大程度上决定着学生在课堂上的脑力劳动效率。"教学语言作为信息载体，不仅是联系教与学的纽带与桥梁，而且是教师传情达意、诱发美感的重要手段。实验教学的语言美，首先体现在它的规范：规范在于简明，以简练的语言表述丰富的实验的准备、过程和结论；规范在于专门术语的精当运用，强化实验课程的特色；规范在于强烈的针对性。其次，实验教学的教学语言应具有与其他教学共有的美的特性，如悦耳动听，以纯美丰富和清脆圆润的音质、灵巧多变的旋律，给学生以听觉上的美感享受；要声情并茂，在绘声绘色的讲述中把学生带入实验教学的情境；要抑扬顿挫、错落有致，语调变化与实验教学的内容和谐统一，浑如"大珠小珠落玉盘"。苏霍姆林斯基说得好，"教师讲的话带有审美色彩，这是一把最精致的钥匙，它不仅开发情绪记忆，而且深入到大脑最隐蔽的角落。"实验教师的美的语言，授之以趣，动之以情，导之以规范，定会在教给学生丰富知识的同时，给学生以丰富的美感享受。

精练优美，实验教师的板书美。 板书是无声的语言，是实验教学的眼睛。实验教学中，板书应是不可或缺的教学辅助手段，是影响学生学习的重要心理因素之一。精心设计富于美感的板书，对端正学生的学习态度、激发求知兴趣、启迪创新意识具有不可低估的效应。实验教学板书之美，美在精练。实验教学的板书，应是教师在认真分析教材、处理教学内容的基础上，在课堂上以简明的文字、图形等将教学内容提纲挈领在黑板上再现出来的直观教学手段。美的板书要对黑板平面统筹安排，文字、图形、解释性说明等板书的位置合理分布，在整齐之中求变化，在变化之中求美感。美的板书应字体刚劲优美，书写规范准确。美的板书，图形应科学规范并富有形象性和艺术性。总之，实验教学的板书，应字迹工整、布局合理、排列有序、条理清楚，与实验内容有机结合，又赏心悦目。

自然连贯，实验教学的流程之美。 一节成功的实验教学的课堂，它的课堂结构应有疏有密、有张有弛、有波澜有起伏，犹如一曲优美的交响曲，密集处，速度快，学生注意力高度集中；疏朗处，速度慢，让学生静观默想。这样，既符合学生学习的心理特点，又呈现一种音乐般的流程之美。实验教学的导入贵在精辟，善于设疑激趣，拓宽思路，引发学生对实验内容的高度关注。教师的讲授与实验教学的内容要衔接自然而连贯，浑然一体。教师的讲授点拨，开发智慧，要"一石激起千层浪"；而实验过程中，师生专注于实验过程与现象的观察，教室里要鸦雀无声；实验之后的师生探讨，又是热情而激烈，这种教学中的动静结合、张弛有度、有声无声的和谐交替，构成了顿挫抑扬、波澜起伏的实验教学的节奏之美。实验教学的结尾，教师应以画龙点睛的语言，对实验现象及结果加以点拨，并指出有待深入探讨的有关问题及课中的深思之处，让学生在小结中回味，在回味中激发更进一步深入探究的兴趣。引发兴趣的导入美、水到渠成的衔接美、波澜起伏的节奏美以及回味无穷的结语美构成了实验教学的美的流程。

整洁和谐，实验教学的环境之美。环境冶性，环境育人，让学生在美的环境中求知探索，发现科学的奥秘，不仅使学生学到科学文化知识，而且还可以提高学生的审美情趣和美学素养。实验教学的环境之美，首先是实验仪器的摆设之美，实验仪器的摆设要做到：整洁，层次井然、简洁有序、纵横整齐、十分洁净；均衡，不求对称，因对称显得呆板，应从"视觉重量"出发，使仪器柜中的仪器"视觉重量"大致相等，在规律中有变化，而变化之中又有一定的规律；稳定，仪器摆放应"上轻下重"，倾斜、滚动的仪器要固定；和谐，仪器种类繁多，千姿百态，应在丰富中求和谐，对仪器统一规划，依其高低、形态、色调合理调配，形成一个完整的序列结构。其次，实验教室的布置也要体现美。如实验教室门口的门牌、室牌，除了文字外，还可加上电表、化学试管、生物显微镜等图案予以美化；实验教室黑板上方，可写上实验教学的要求："认真、细致、规范、准确"；实验教室两边的墙上可贴上与实验室学科相关的科学家的画像及其名言条幅，这是对学生无形的鞭策；实验桌上准备的仪器要整齐有序地摆放，且要求学生做完实验后准确归位，养成学生良好的实验习惯；还可以在实验室的讲台上点缀一两道盆景，让教室充满绿色和生机。优美的实验环境，不仅给学生一种亲切之感，而且展示其作为科学教学的窗口的优美形象。

"美是到处都有的，对于我们的眼睛，不是缺少美，而是缺少发现。"大雕塑家罗丹道出了亘古不变的真理。在实验教学中，我们老师就是要善于发现美、创造美，从而让学生感知美、享受美，在美的熏陶中，按照美的规律塑造自己！

我们这样设计作文互改课[①]

《义务教育语文课程标准》要求："根据表达的需要，借助语感和语文知识，修改自己的作文，做到文从字顺。能与他人交流写作心得，互相评改作文，以分享感受，沟通见解。""重视对作文修改的评价。要考查学生对作文内容、文字表达的修改，也要关注学生修改作文的态度、过程和方法。要引导学生通过自改和互改，取长补短，促进相互了解和合作，共同提高写作水平。"魏书生老师数年没批改过一篇学生作文，但学生的作文水平在互批互改中提高甚快。其他报刊上介绍学生互批互改的文章也颇多，但多是理论上的总结，操作性不强，有的老师安排学生一节课自由批改一篇作文，没有指导和总结讲评，不仅课堂结构松散，时间浪费多，而且失去了对学生写作实际的指导作用。基于上述原因，我们在借鉴他人成功经验的基础上，尝试创建导、改、议、评、结五步作文互改课。

课前准备：①印制《作文互改卡》及《评改标准》，学生人手一份。《作文互改卡》的栏目有错别字、病句更正栏，格式、字迹、卷面定等评分栏，文章中心、选材、结构、表达、语言等评分评语栏，文章总评分评语栏，小组评分评语栏，作者自我小结栏等。②每位同学准备批改笔（红笔），把学生分成6～8人的批阅小组，选一名作文水平较好的同学担任小组长。③学生作文为活页。互改课前，学生互换作文。

五步作文互改课的实施：

第一步，导，教师指导，约5分钟。教师讲解互改的步骤和方法，特别是

---

① 本文发表于中国外语学习学研究会主办的《课程教育研究》2015年4月上旬刊（4月5日出版），原标题为《作文互改课的设计》。该刊被中国知网、中国期刊网、中国学术期刊光盘版、中国学术期刊综合数据库、龙源期刊网、维普网收录。

本次批改的侧重点和特定要求，批改要达到的目的等。

第二步，改，学生互改，约15分钟。学生按要求将作文读两遍。第一遍，粗读。要求找出错别字、病句、错误标点，在原文中标记出来后记入《互改卡》。对作文的格式、字迹、卷面定等评分。第二遍，细读。在原文上作眉批、旁批或用事先规定的符号（如嘉奖号、疑问号等）批注，给文章的中心、选材、结构、表达、语言评分，算出总评分，写出总评语。

第三步，评，小组互评，约7分钟。同一批阅小组的同学聚集在一起，在小组长的主持下，讨论解决个人批改时碰到的疑难问题，传阅本组同学所批改的作文；综合评出小组评分，互相交流写出简短的小组评语；小组长对本组所批改的作文及本组批改情况作总结性了解，将优秀作文或有典型性的作文推荐给老师。在改、评的过程中，老师巡视、发现问题，及时指导。

第四步，议，全班互议，约15分钟。分小组发言，小组长小结本组批改情况，或三言两语介绍所批改作文的优缺点，或朗读原作中的精彩片断以共赏，或谈自己的启发、感想、收获。也可以出作文精彩的同学朗读自己的作文，老师点评。还可以宣读一两篇有典型性的作文，老师解剖"麻雀"，对此类作文以指导。

第五步，结，评改小结。这里有三层意思。一是教师课堂小结，约3分钟。语文老师对本次作文的情况及互改情况作总结。二是学生自结，即课后，作文归还作者，作者阅读《互改卡》后，结合互改课的收获，写出100字左右的自我小结。三是结集成册，课后科代表将全班同学的作文及《互改卡》集中，编上目录、封面，装订成书本式小册子，在全班传阅。

五步作文互改课有如下优点：其一，把教师从繁重的作文批改中解放出来，而且克服了一般作文互改课结构松散的弊端，始终以教师为主导，以学生为主体，以训练为主线，在培养学生批改能力的同时，还注重写作能力的训练。其二，把评分标准交给学生，让他们在批改实践中予以运用，有利于规范学生作文，提高作文水平。在互改课中，学生可接触到多篇同题作文，可取他人之长补己之短。其三，学生作文结集成册，便于课后同学间传阅交流，更是老师作专题作文指导的重要依据，又为老师指导下一届学生做同题作文提供了宝贵的参考资料。

探究"水生嫂无名现象"的普泛性[①]

入选人教版高中《语文》课文的孙犁在 1945 年创作的优秀短篇小说《荷花淀》，写的是冀中人民抗日战争时期的斗争生活，小说通过对白洋淀地区的一群妇女由送夫参军到自觉地组织战斗队伍的细致描绘，歌颂了中国农村劳动妇女的美丽心灵，生动表现了根据地军民在共产党领导下，英勇抗战的爱国主义精神。水生嫂就是这一群冀中白洋淀地区的农村妇女的代表，在小说中，水生嫂一共出现了十五次。有趣的是，我们找遍全文，都找不到水生嫂究竟叫什么名字。在小说里出现的十五次中，十二次称她为女人，三次称她水生嫂；细心的读者还会发现，文章中不仅水生嫂没有名字，其他几个妇女也都没有名字。笔者对这几个妇女无名的现象取其有代表性的水生嫂之名而称之为"水生嫂无名现象"，本文欲就这种"水生嫂无名现象"的普泛性做一些探究，以求教与方家。

一、从小说的时代背景考察，"水生嫂无名现象"的普泛性在于：它揭示了旧社会妇女社会地位的低下。《荷花淀》描写的是抗日战争时期的生活，水生嫂所处的时代就是 20 世纪三四十年代。这时的水生嫂们为什么会没有名字？我们从曾经流行于 20 世纪 50 年代的《妇女自由歌》中也许可以找到答案："旧社会，好比是——黑咕隆咚的枯井万丈深！妇女在最底层！"黑暗深井般的旧社会人压迫人、人吃人，同时还充满男性霸权。在这样的黑暗深井里，被压在最下层的是穷苦的农民，而农民中的女性，又是最下层的"最底层"了。最下层的男性农民是做牛做马的奴隶，最底层的农村女性就是连牛马都不如的奴隶，沦

---

① 本文发表于辽宁人民出版社主办的《课外语文》2015 年第 9 期（下）（总第 181 期），该刊被中国知网、中国期刊网、中国学术期刊光盘版、中国学术期刊综合数据库、龙源期刊网、维普网收录。

为不是人的"人"了！既然不是"人"了，那么，她们没有"姓名权"也就"理所当然"了！在这样黑暗的旧社会里，女人小的时候在家，父母也许会给她起一个"小翠""阿花""阿狗"之类的小名；女儿一长大，嫁到夫家，她就名字也没了，嫁给张家就叫"张氏"，嫁到李家就叫"李氏"，嫁给祥林就叫"祥林嫂"，嫁给水生就叫"水生嫂"了。

二、从人们平时称谓习俗考察，"水生嫂无名现象"的普泛性在于：称谓习惯，约定俗成。我们在日常社会交往中经常听到"警嫂"、"军嫂"、"空嫂"的称呼。"嫂"一词，在《现代汉语词典》里解释是"①名词，哥哥的妻子：兄嫂/表嫂。②称呼年纪跟自己差不多的已婚妇女：王嫂/张大嫂。③尊称军人、警察等人的妻子：军嫂/警嫂"（2012年第六版1122页）。从字面理解，"嫂"由"女""叟"组成，意即陪伴年长男子的女人，她们自然年龄较大，应当受到尊重。"嫂子"的称呼，在我国绝大多数地区，一般都用于家庭或比较亲近且年龄长于自己的已婚女子，对她们的称呼，比较亲近的直呼嫂子；稍远一点的，以丈夫的姓加"嫂"称呼，如张嫂、李嫂、王嫂等等。嫂子在家庭中所扮演角色十分重要，所以社会上流行"长嫂为母"或"长嫂为搂（家中大事小事一把抓）"的俗语。《荷花淀》中，水生是"游击组长"、"党的负责人"，大家把水生的妻子称呼为"水生嫂"，这与把局长、书记的妻子称呼为"局长夫人"、"书记夫人"一样的，是称谓习惯，约定俗成。何况水生家"爹老了，小华还不顶事"，水生嫂勤劳、善良、能干，对丈夫一往情深，深明大义送夫参军，还把家里打理的井井有条，不仅是思想觉悟较高的干部家属，而且应是在当地妇女群众中有一定号召力、影响力的能干媳妇。荷花淀的人们称她为"嫂"，应该另有一层尊敬、钦佩的意思在其中。

三、从小说人物塑造的角度考察，"水生嫂无名现象"的普泛性在于：因其无名，她就是白洋淀乃至整个旧中国普普通通劳动妇女的代表，这样写更深层次地揭示了小说的主题。也许现实生活中的水生嫂是有名字的，是作者有意不写出她的名字来；小说中其他几个妇女也都不写出她们的名字；不仅没有交代她们的名字，而且对她们的外貌、服饰都没有描写。作者为什么要这样处理？也正因为水生嫂等几位妇女都没有名字，说明作者所写的就是一名普通的、极普通的旧中国的农村妇女，这样的一位普普通通的旧社会的农村妇女，在抗战的战火洗礼中，她送丈夫参军、承担家庭生活的全部重担，又走出家庭，参加了村上的女子游击队，"这一年秋季，她们学会了射击。冬天，打冰夹鱼的时候，她们一个个登在流星一样的冰船上，来回警戒。敌人围剿那百亩大苇塘的时候，她们配合子弟兵作战，出入在那芦苇的海里。"普普通通的劳动妇女，都由普通的劳动者成长为机智勇敢的抗日战士，全中国人民都被发动起来参与抗日战争，这正是我们的抗日战争取得胜利的根本原因。小说正是通过"无名"的"水生嫂们"妇女群像的塑造，表现了抗日战争中人性的坚强与纯美，表现这些普通的劳动妇女，为了国家、民族的独立，毅然投身于如火如荼的抗日解放事业，她们用自己勤劳的双手、坚强的信念、全新的行动创造属于她们的和平、幸福的生活，改变自己的命运，拯救国家和民族的命运。

参考文献：

廖朝安.渗透课文一法：自由提问，合作探究［J］.《中学语文（下旬·大语文论坛)》2011（6）

诸葛亮为什么说自己"卑鄙"①

诸葛亮在《出师表》一文中说："先帝不以臣卑鄙，猥自枉屈，三顾臣于草庐之中"。文中的"卑鄙"一词如何解释，对理解上下文及全篇文章都十分关键。

"卑鄙"，在现代汉语中是贬义词，指的是"人格低下，举止不端，品性恶劣"；也指"语言、品行恶劣，不道德"。诸葛亮说自己"人格低下，举止不端，品性恶劣"；"语言、品行恶劣，不道德"？那绝对不可能。那么，"卑鄙"又是什么意思呢？查《古代汉语词典》，原来"卑鄙"在文言文中还有另一个意思，那就是"身份低微，见识短浅"。

诸葛亮为什么说自己"卑鄙"——"身份低微，见识短浅"呢？我们不妨从三个方面来考察一下刘备"三顾臣于草庐之中"时的情况。

从年龄上看，据史书记载，刘备三顾茅庐的事发生在建安十二年冬至第二年春，即公元207～208年，刘备生于东汉延熹四年（161年），这时应是47岁；诸葛亮生于光和四年（181年），这时只有27岁。刘备比诸葛亮大20岁，说刘备是诸葛亮的叔辈，一点也不为过。80后的年轻人在60后的叔辈面前说"身份低微，见识短浅"，有何不可？

从官职上看，《三国演义》中写刘备来到卧龙庄前，亲叩柴门，向前来开门的童子是这样自报家门的："汉左将军宜城亭侯领豫州牧皇叔刘备，特来拜见先生。"先看"汉左将军"是什么官职？据《汉书》记载，东汉的将军是中央政府的重要组成部分，有大将军、骠骑将军、车骑将军、卫将军、前将军、后将

---

① 本文发表于广东省第二师范学院（广东省教育学院）主办的《中学生报·教研周刊》2015年第13期（3月27日出版，总第3055期），该刊被中国知网收录。

军、左将军、右将军。大将军的官位在三公之上；骠骑将军、车骑将军、卫将军的官位在三公之下；前、后、左、右将军，位在九卿之下。汉代的左将军职位仅次于上卿，上卿的职位和丞相相当，而汉唐时候的丞相是三品官。因此，"左将军"实际就是三品官或者是次三品的官职。再看"宜城亭侯"是什么官职？汉代是郡县制和分封制并存，皇帝下面是王和公，算是独立王国；接下来就是侯。侯爵中的最高级是县侯，如东汉建安元年（196 年），汉献帝封曹操为"武平侯"；其次是乡侯，如诸葛亮被封为"武乡侯"；再次就是亭侯，关羽此时是"汉寿亭侯"。由此可见，亭侯的地位也还是蛮高的。还看看"豫州牧"。古代以九州之长为"牧"，"牧"是"管理人民"的意思。汉武帝时设十三州部，每部设一刺史；汉成帝时，改刺史为州牧，后废置无常。东汉灵帝时，为镇压农民起义，再设州牧，并提高其地位，居郡守之上，掌一州之军政大权。刘焉曾建议汉灵帝由刘氏宗族出任州牧，当时有幽州牧刘虞，益州牧刘焉，荆州牧刘表，扬州牧刘繇；刘备此时为豫州牧，是豫州的最高军政长官。"皇叔"就更不用讲了，皇帝都叫他"叔叔"呗，好说歹说咱是"汉室宗亲，皇亲国戚"，正是这块金字招牌，使其贩履织席之徒的屌丝身份发生震天逆转的，刘备当然是念念不忘、处处炫耀了。总的说来，刘备三顾茅庐时有"汉左将军、宜城亭侯、领豫州牧、皇叔"等头衔，若论行政级别，起码也是一个"副省部级的干部"。诸葛亮呢，诸葛氏在荆襄地区是望族，其先祖诸葛丰曾在西汉元帝时做过司隶校尉（相当于现在的中纪委书记），其父诸葛圭做过泰山郡丞，长兄诸葛瑾在江东为官，老婆的姨父是荆州牧刘表，舅父是名将蔡瑁。诸葛亮的出身是"官二代"不假，但此时尚未出仕，正如他自己所说，是"臣本布衣，躬耕于南阳"——没有官职，家庭也就是"富裕小自耕农"的样子。与刘备比，差距还是蛮大的。一个出身小自耕农家庭的青年在"副省部级的干部"面前说"身份低微，见识短浅"，有自谦之意，也应是当时的实际情况。

再看从政阅历。刘备青年时就结识张飞、关羽，桃园三结义；30 岁前就与关羽、张飞等人组织武装力量配合政府军作战围剿"黄巾起义"，因平定黄巾有功，出任冀州中山国安喜县县尉。不久，鞭打督邮后弃官出逃，转任高唐县县尉，后升任县令；他 30 至 35 岁的经历更为丰富，先是高唐被黄巾攻破，往幽州投奔公孙瓒，被任命为别部司马，统兵与冀州牧袁绍对抗，赵云与之协同作战；再受公孙瓒任命为青州平原国平原县令，后升任平原相，期间郡民刘平雇佣刺客前往刺杀，刺客被感化而自首，刺杀未遂；后北海相孔融被黄巾围攻派太史慈求救，刘备率军三千前往救援，成功解围。兖州牧曹操为报父曹嵩之仇，攻屠徐州，徐州牧陶谦求救，刘备与田楷前往救援。事后，陶谦举荐刘备为豫州刺史，驻军小沛。年底，陶谦病逝，遗命刘备接任徐州牧，治下邳；又收留为曹操所败的吕布。36～40岁，曹操表荐刘备为镇东将军，封宜城亭侯。袁术起兵北攻徐州，刘备与关羽统兵战袁术于淮阴、盱眙；吕布乘机袭取下邳，守将张飞败逃；刘备军困于广陵海西，麋竺散家财以助；刘备与吕布讲和，复领豫州刺史，驻军小沛。袁术遣纪灵等步骑三万攻打小沛，刘备求救于吕布，吕布辕门射戟解围。后吕布攻小沛，刘备败逃，投奔曹操。曹操使刘备驻军小沛，出任豫。刘备用计斩杀杨奉。吕布使高顺、张辽攻小沛，刘备又求救于曹操，曹操遣夏侯惇前往救援。城破，刘备败逃，后刘备随曹操攻吕布，攻破下邳，斩吕布，刘备随曹操还许都，受封左将军。期间刘备与车骑将军董承等受衣带诏密谋诛杀曹操；曹操与刘备"煮酒论英雄"。刘备率军截击袁术于徐州，随后，刘备杀徐州刺史车胄，入居徐州，公开反曹。董承密谋败露，曹操急攻小沛、下邳，俘关羽；刘备败逃，投奔袁绍，赵云前往邺城投效。刘备赴汝南联合刘辟等人，关羽辞曹归刘，曹操大破袁绍于官渡。41岁到三顾茅庐前，曹操南攻刘备于汝南，刘备南撤，投奔荆州牧刘表，驻军新野；刘备败夏侯惇、于禁于博望。刘备蛰伏荆州，期间痛斥"求田问舍"的许汜，叹髀肉生，马跳檀溪。曹操北征乌丸，刘备劝说刘表袭取许都，刘表不听……考察刘备三顾茅庐之前从政阅历，可以说是身经百战，久经沙场，饱经沧桑，具有丰富的战争经验和官场阅历。而此时的诸葛亮只有读书求学的经历，尚未出仕，可以说是毫无从政经验。一个毫无从政经验的毛头小伙在如此经验丰富的长者面前说"身份低微，见识短浅"，毫不过分。

在年龄、官职、从政阅历上有如此巨大的差距，刘备却还能"猥自枉屈，三顾臣于草庐之中，咨臣以当世之事"，这是何等的礼贤下士！这是何等的知遇之恩！士为知己者死，"臣本布衣，躬耕于南阳，苟全性命于乱世，不求闻达于诸侯"的诸葛亮也只能是"由是感激，遂许先帝以驱驰"，进而"鞠躬尽瘁，死而后已"了。

说说"不扫一屋而扫天下"的陈蕃[①]

陈蕃，何许人也？看过这个故事的人都知道：东汉时有一个少年名叫陈蕃，独居一室而庭院龌龊不堪。他父亲的朋友薛勤批评他，问他为何不打扫干净来迎接宾客。陈蕃回答说："大丈夫处世，当扫除天下，安事一屋？"薛勤当即反驳道："一屋不扫，何以扫天下？"

"大丈夫处世，当扫除天下，安事一屋？"说得何等的响亮而又有气魄。故事的主人公陈蕃少年时就有如此远大理想，那么，他长大后成了什么样的人呢？他实现了"扫天下"的愿望吗？

笔者认为，陈蕃实现了"扫天下"的志向，却没有施展开"扫天下"的抱负。为什么这么说呢？

陈蕃实现了"扫天下"的志向。

陈蕃成了东汉时期的名臣而名垂青史。陈蕃（？～168年），字仲举，汝南平舆（今河南平舆北）人。他20岁刚出头就举孝廉入仕，拜为郎中；后担任过豫州别驾从事、议郎、乐安太守、修武县令、豫章太守等职；在担任尚书令、大鸿胪时，因上疏救李云被罢免；再拜议郎、光禄勋，与黄琬公平选举，因而遭诬告罢官；不久后，被征为尚书仆射，转太中大夫；延熹八年（165年），升任太尉，任内多次谏诤时事，再次被罢免；灵帝即位，担任太傅、录尚书事，与大将军窦武共同谋划剪除宦官，事败而死。记载东汉历史的《后汉书》对陈蕃有专门的《陈王列传》予以记载。大家知道，"列传"是司马迁撰《史记》时首创的中国纪传体史书的体裁之一，在史书中，"本纪"记皇帝，"世家"记

---

① 本文发表于广东省第二师范学院（广东省教育学院）主办的《中学生报·教研周刊》2015年第23期（6月5日出版，总第3105期），该刊被中国知网收录。

王侯,"列传"主要是各种不同类型、不同阶层人物的传记,少数列传则是叙述国外和国内少数民族君长统治的历史。《后汉书》对陈蕃有专门的列传予以记载,足见陈蕃在东汉历史上的地位。

陈蕃以为政清廉、不畏强权、刚直不阿而出名。治政严猛的李膺任青州刺史时,青州属城官吏听到消息的,都自己要求离去,只有陈蕃因政绩清廉,独自留下。郡人周璆,洁身自爱,前后郡守屡次招请,都不肯前往。只有陈蕃能够招他去。陈蕃称他的字,而不叫他的名,非常尊敬他。特别为他安一张床,周璆走了,就把床悬起来。百姓赵宣葬亲却不闭墓道,自己住在里面,服丧二十多年,却在此期间生了五个子女,乡邑都称他的孝行,州郡几次礼请他。郡里把他推荐给陈蕃,陈蕃以其"欺世盗名,迷惑群众,污辱鬼神"于是办了他的罪。有一次,汉顺帝之妻梁皇后的哥哥、时任大将军的梁冀写了一封信给陈蕃,让陈为他做一件事。作为一名地方官员,能攀上像梁冀这样的高官无疑能青云直上,这是一般为官者梦寐以求的事。但陈蕃却不以为然。梁冀的信使来找陈蕃,陈蕃拒而不见,信使便假传大将军求见。陈蕃一怒之下,用皮鞭将信使打死。这种有悖情理的做法当然让一贯飞扬跋扈的梁冀所不容。他在皇帝面前一番"声讨",陈蕃便被贬到修武县做了一名县令。幸运的是,由于陈蕃在任时政绩显著,没过多久,汉顺帝再次起用陈蕃,担任尚书。当时零陵、桂阳山贼造反为害,公卿商议要遣军队剿平,桓帝又诏令州郡,权宜推选孝廉、茂才。陈蕃上疏辩驳,得罪了桓帝的近臣,被外放为豫章太守。陈蕃性情严肃方正,征召他任尚书令时,送行的人都不敢走出外城门。陈蕃的一生,始终都处在宫廷争斗时的动荡之中。作为东汉的大臣,他要么与专权的外戚争锋,要么和弄事的宦官相抗。南朝宋文学家刘义庆称赞陈蕃"言为士则,行为世范";《后汉书》的作者,南朝宋人范晔在评价陈蕃时,说他贤能树立风声,不计个人荣辱,在朝纲崩乱之际,与奸佞之人同朝争锋,以至于最终惨死在这上面。可以说陈蕃虽然大功未告成,但其信义足以携持民心。百余年间,汉室乱而不亡,陈蕃功劳最大。刘义庆、范晔的评价,道出了陈蕃作为汉室重臣为朝廷乱而不亡做出的独特贡献,陈蕃不避强权、犯颜直谏的做法最让世人感叹!

陈蕃是没有施展开他"扫天下"的抱负的。

陈蕃敢于屡陈时政却屡屡遭贬。他所处的时期,正值东汉外戚、宦官专权弄事之时。公元159年,他升任大鸿胪。适逢白马县令李云上疏直言劝谏,桓帝大为震怒，李云应被处死，陈蕃上书救李云，因而获罪被罢免回家。当时，封爵赏赐超过制度，皇宫内的宠臣外戚，权势很盛，陈蕃于是上疏劝谏，桓帝采纳了他不少意见，并放出宫女五百人。公元163年，桓帝驾临广成苑围猎，陈蕃上疏劝谏，奏书送上，桓帝并没有采纳。陈蕃主张公正选举。任光禄勋后，不偏袒权贵，因而被豪门子弟诬陷控告，获罪罢官回家。当时小宦官赵津、南阳恶霸张汜等人，侍奉宦官，仗着他们的权势作恶犯法，太原、南阳二郡太守刘瓆、成缙审讯他们，虽有桓帝赦免他们的命令，但仍然讯问到底，处死了他们，宦官们对他们怀恨在心。官吏秉承意旨，于是上奏桓帝，认为刘瓆、成缙罪当处死。陈蕃和司徒胡广、司空刘茂一同劝谏桓帝，请求赦免刘瓆等人，桓帝对此不满，有关部门因而弹劾他们，刘矩、刘茂不敢再说什么了。朝廷中有不少人怨恨他。宦官也因此更加痛恨陈蕃，他选举出人才送上奏章，宦官立即借桓帝的名义斥责退回，他属下的长史以下许多官吏多被借故治罪，但因为陈蕃是当代名臣，还不敢加害他。公元166年，李膺等人由于党人事件被关进监狱受审。陈蕃因而上书极力劝谏，桓帝不满陈蕃说话直切，于是借口陈蕃辟举选用人才不当，罢免了他。

陈蕃曾谋除宦官，却事泄遇害。当初，桓帝想立宠爱的田贵人为皇后，陈蕃认为田氏出身卑微，窦氏是良家大族，争立窦氏很坚决，桓帝不得已而立窦氏为皇后。所以窦太后执掌朝政后，重用陈蕃。陈蕃和窦太后的父亲大将军窦武，同心尽力，起用名流贤士，共同参与国家政治，天下之士无不伸长脖子盼望天下太平。然而桓帝的乳母赵娆，早晚都在窦太后身边，中常侍曹节、王甫等同她勾结，讨好太后。太后信任他们，多次下诏令，给他们封爵授官，而他们的爪牙，大都贪婪暴虐，陈蕃常常痛恨这帮人，决心消灭宦官。正好窦武也有谋划。陈蕃认为自己既顺从人们的心愿，又对太后有过功德，认为自己的目的一定可实现，于是先向太后上疏。窦太后没有采纳，百官听说后没有不震惊的。陈蕃因与窦武商量诛灭宦官。事情泄露时，曹节等人伪造太后的命令杀了窦武等人。陈蕃当时七十多岁，宦官的随从骑士抓住对陈蕃后对他又踢又踩，骂陈蕃："死老鬼，你还能裁减我们的人员，剥夺我们的额外收入吗？"当天就杀害了他，把他的家属流放到比景，宗族、门生、旧部属都免职禁锢。

陈蕃的一生，始终都处在宫廷争斗时的动荡之中。作为东汉的大臣，他要么与专权的外戚争锋，要么和弄事的宦官相抗。忠君、报国、辅社稷之危，面君直言，不避生死，体现了一位忠臣的拳拳心志，更体现出天中先贤的风范。在内忧外患的情况下，依然苦苦地支撑着，虽然最后的结果是捐躯死国，身首异处，但给后人留下的除了无尽的惋惜外，还有"大丈夫当扫除天下"而事未尽的悲壮！

　　其实，人们熟知的"一屋不扫，何以扫天下"的故事，历史的真相并非如此。《后汉书·陈蕃传》的记载是这样："陈蕃字仲举，汝南平舆人也。祖河东太守。蕃年十五，尝闲处一室，而庭宇芜秽。父友同郡薛勤来候之，谓藩曰：'孺子何不洒扫以待宾客？'藩曰：'大丈夫处世，当扫除天下，安事一室乎？'勤知其有清世志，甚奇之。"由此可知，薛勤并没有质疑和反问 15 岁的陈蕃，而是对其"有清世志"持赞赏态度。有学者研究认为，清末学者刘蓉的杂论《习惯说》中有"一室之不治，何家国天下之为"一语，后人可能据《习惯说》和《后汉书》附会出"一屋不扫，何以扫天下"这句话。

说说《晏子使楚》中的楚王①

　　《晏子使楚》是选入人教版和北师大版五年级《语文》的一篇课文，本文欲对文中的楚王做一个简单的分析。

　　楚王为什么想到要"仗着自己国势强盛，想乘机侮辱晏子，显显楚国的威风"？细分析，原因如下：一是，外交无小事，春秋末期国与国之间你争我夺，是没有什么友好可言的，不是武力对峙就是诋毁对方，所以楚王想侮辱晏子不足为奇。自古国家之间，没有永远的朋友，只有永远的利益。这时的楚国逐渐强大，特别是"春秋五霸"之一的楚庄王之后，国力更是强盛。但是，楚国一向不被中原地区的诸侯国认同，被认为是蛮夷，故此楚王想借对齐国使臣的侮辱显显国威，也就在情理之中了。二是，楚王听说齐相晏子是"齐之习辞者"，即能言善辩的人，在齐国很有威望，若是这样的人在楚国也遭人白眼，一者显示齐国无人，二者显示这个刁难晏子的人不是比晏子更聪明？三是从这里也看出楚王心胸狭隘，嫉妒晏子的才能，想告诉天下所有的人，晏子都被我侮辱了，我多么厉害，我多么聪明机智！

　　楚王怎样侮辱晏子？他设计了三个场面。第一次，他就晏子身材矮小发难，抓住晏子体形弱点进行侮辱，让晏子从"狗门"进入。晏子却说访问狗国才钻狗洞，楚王不得不大开城门迎接。第二次，楚王以貌取人，加大侮辱的程度，辱骂晏子无能，侮辱点由外而内，由晏子个人延伸到齐国，嘲笑齐国无人。晏子说访问上等国家派上等人，访问下等国家派下等人，晏子最没用就到楚国了。第三次，楚王采取迂回战术，不再直接针对晏子，而是虚拟

---

① 本文发表于四川省南充市文化艺术界联合会主办的《读与写》2015年7月（上）（7月5日出版），被万方数据库收录。

捉盗贼事件侮辱齐国人的人品。晏子用齐国的柑橘到楚国就变成枳了，来说明水土好坏对人的影响。齐国人在齐国不犯罪，到了楚国却偷盗，说明楚国水土不好，是生养盗贼的国家。他的话不但点明了齐国人在楚国为盗的原因，而且也回敬楚王：治国无方，造成楚国社会风气不好，致使好人都变成盗贼。楚王不仅没有达到侮辱齐国的目的，反而搬起石头砸了自己的脚。面对晏子不卑不亢的态度，彬彬有礼的回答，楚王在连连败阵中只得认输，只好赔笑，对晏子不敢不尊重了。

文中楚王的"三笑"最是耐人寻味，是文章的文眼，其内涵不同，意蕴丰富。初见晏子，"楚王瞅了他一眼，冷笑一声"，这是楚王在见面时给晏子的一个下马威，尽现楚王的蔑视：他根本不拿晏子当回事，可见楚王的狂妄蛮横。而面对晏子滴水不漏的回击，无言以对，"楚王只好赔着笑"。他装作听不出晏子话里的意思，以笑来掩饰。这是尴尬无奈的笑，显示楚王已是折戟沉沙、毫无战斗力了。楚王"笑嘻嘻地对晏子说"，是嘲笑齐国人做贼没出息，表面上态度并不尖锐，实际上是笑里藏刀，是刺向晏子的一柄阴气逼人的钢刀，居心更加险恶，可见楚王的阴险狡诈。但具讽刺意味的是，这把利剑非但没有刺到晏子，反倒被晏子掷了回来，给了楚王自己致命的一击。楚王又一次搬起石头砸了自己的脚。

统观全文，可见楚王的无聊幼稚：自己是堂堂的君王，竟然和一个使臣过不去，把外交大事视同小孩儿戏，愚不可及；爱摆架子，仗势欺弱，有小智而无大谋；胸襟狭隘，傲慢无礼，自作聪明。特别是在堂堂大殿，押一个偷盗的犯人尚且还要问楚王，是"最臭之棋"，足见楚王门下三千食客尽是无能的鸡鸣狗盗之辈。居君主之高位，却处处刁难使者，最后落得自讨羞辱，楚国之最终覆灭，就不无道理了：君不明，国持久乎?! 但楚王也有可取之处："我原来想取笑大夫，没想到反让大夫取笑了"，他赔了不是，没有恼羞成怒，借此就与齐国无端开战，这还不失有自知之明、以大局为重、敢于承认错误的人君气度。

那么，我们会问：《晏子使楚》中的楚王是历史上的那位楚王呢？据课文的教师用书，这位楚王是公元前541年—公元前529年在位的楚灵王。他又是怎样的一位君主呢？百度里的"百科"是这样介绍的：楚灵王，本名围，是楚共王的次子，杀了侄儿楚郏敖自立，即位后改名熊虔。偏爱细腰美女，"楚王好细腰，一国皆饿死"，就是指他。公元前 538 年，楚灵王率兵攻吴，捉住了庆封。楚灵王穷奢极欲，楚灵王六年，造章华宫，又称细腰宫；对外穷兵黩武，公元前 531 年，蔡灵侯至楚，楚灵王杀之，蔡国灭亡。公元前 530 年，派兵围徐，威胁吴国。公元前 529 年，楚国人民推翻了他的统治，灵王逃亡，随从相继离去，最后吊死郊外。灵王的两个儿子熊禄、熊罢敌，都被蔡公熊弃疾杀死。

"收关"都应是"收官"①

"收关"一词，多为媒体使用，如"《谢天谢地》本季感恩收关，颜丹晨倾诉演员心声"；"释放青春力，NV太原理工大学校园行收关"；"成龙哈维压轴亚洲峰会，侠盗多伦多征途完美收关"。其中的"收关"都说不通。为什么？因为"关"的繁体为"關"，其本义是门闩。《说文解字》（卷十二·门部）对"關"的解释是："關，以木横持门户也。"这就是说"关"的意思是"用木栓横穿两扇门的栓孔，使两扇门板牢牢紧闭。""收关"，难道是要把门闩收起来？其实，我们使用的所有"收关"，都应改作"收官"！

为什么应改作"收官"？"收官"是围棋术语，《辞海》对其的释义是：指一局棋中盘战结束以后，双方继续占领地域，并使地域的所属更加明朗化的一系列着法，即收官战。下围棋一般分为三个阶段，即序盘，又称布局，约五六十手；中盘战；收官。在围棋规则中，最早是数"目"（即己方棋子所围成的空格），后来中国的规则演变为数"子"（即计算己方活棋棋子的总数）。中盘战斗结束后所进行的活动就叫收官子，简称收官。"收官"中的"官"，意思是"公家的"。《辞源》中也有此解释。旧时说的"官书"就是指公家编纂或刊行的书，"官路"就是公家修的大路，"官地"就是公家的土地，成语"官报私仇"的意思就是公报私仇。围棋术语"收官"中的"官"即"官地"，就是指黑白双方共有的地盘，表现在棋盘上就是还没有归属的空位，在这个空位上下的棋子就叫"官子"。下围棋下到"官子"阶段，整盘棋也就快要收场了，所以才称"收官"。就整个争夺的过程和目的来说，"收官"就是最后的争夺，一

---

① 本文发表于河北省阅读传媒有限公司主办的《少年素质教育报》2015年第23期（6月6日出版，总第8293期），被中国知网收录。

且彼此围地的界限最终确定，每一个点都有了归属，那么，这局棋的战斗也就结束了。

《现代汉语词典》无"收官"也无"收关"；但《辞海》却有"收官"词条，释义是："亦称'官子'、'收束'。围棋术语，指一局棋中盘战结束以后，双方继续占领地域，并使地域的所属更加明朗化的一系列着法。"现在媒体上用得最多的是"收官"的引申义，即引申到别的体育比赛或者某项活动中，用来表示一个活动或一个事物发展的最后时期，接近尾声，或对某事的后期处理。如"第三届矿博会郴州收官，38 万人次观展成交 16 亿元"；"《虎妈猫爸》收官"；"共玉公路黄河桥至野牛沟国道改线工程圆满收官"；"广丰儿童安全体验教室公益活动圆满收官"等等。

另外，还要注意的是，"收官"引用到体育比赛中，对比赛结果的影响被弱化了，而只为强调比赛大局已定，一般就指一项长期赛事的最后一场与冠亚军或其他重要结果的产生无关的比赛，重大比赛的冠亚军决赛却不能用"收官战"来描述，以示重视。

03

家庭教育与班主任工作

理财教育　帮你把孩子培养成为财富①

一、从层出不穷的"二代"引发的公共事件谈起

中国不是最富有的国家，却是最会"娇生惯养"的国家！中国许多的家庭教育，就是"砸钱教育"。子女出事儿了，怎么办？为难的不是出事儿的子女本人，而是他的父母；他的父母怎么办？用钱摆平呗。正因为如此，当前社会由"富二代""官二代""名二代"引发的公共事件层出不穷，他们的声誉似乎都不大好，因为他们不出名则罢，一出名就是负面消息：不是飙车，就是跋扈；不是萝卜招聘，就是越级提拔。2010 年 10 月 16 日晚，在河北大学新校区，两名正在玩轮滑的女生在宿舍区超市门口被一辆汽车撞到，肇事者李某酒后驾车撞人后，不但没停车，在被拦截后还口出狂言："有本事你们告去，我爸是李刚。"某著名歌唱家的 15 岁的儿子，无照驾驶，还行凶打人。武汉一名富二代驾驶平治四驱车时与一辆国产车发生轻微碰撞，疯狂追截对方，又招来十多人掀翻国产车，泄愤离去。陕西西安富二代赶与女友约会，开车撞倒女服务员后，发现她正记下车牌，将她灭口。河南伊川一交警在街上虐打少女，叫嚣"我爸是公安局副局长，告到哪也没人管。"浙江杭州富二代在市内飙车，将一名过马路的学生撞死。京城富二代持枪逞凶被公诉，深圳富二代泼漆伤男童，对记者竖中指。每一次"二代"事件的发生都不免要引起公愤，在老百姓心中，"二代"都是吃喝玩乐、不务正业、张扬跋扈的形象，都是"坑爹"的典型，正如网上流行语所说："老子是儿子的通行证，儿子是老子的墓志铭"。

---

① 本文发表于共青团河北省委主办的《青春岁月》2016 年 2 月刊，被中国知网收录。

二、是把财富留给孩子，还是把孩子培养成财富？

为什么"二代"如此轻狂、不可一世、飞扬跋扈？专家认为，出现这样的事件，与当前许多家庭不正确的金钱教育有直接的联系："金钱就能摆平一切"，他们就有恃无恐、横行霸道。

中国不是最富有的国家，却是最不讲究对子女理财教育的国家！父母为孩子攒票子、攒车子、攒房子，而孩子却不领情，"啃老族"、"月光族"、"卡奴"等理财技能缺失的年轻群体规模日益扩大。知心姐姐卢勤就说过一个最令人痛心的案例：有个单亲妈妈，把全部的爱都给了儿子。这位单亲妈妈，儿子三岁时就与丈夫离了婚，儿子成了她的唯一寄托。为了照顾好儿子，她拒绝了他人的追求，毅然决然选择了单身。她在一把屎一把尿把儿子拉扯大的同时，为了儿子将来的幸福，她打理了一家服装店，风里来雨里去，拼命地赚钱。他心想，再穷也不能穷孩子，就是要让孩子过上富裕的生活，不让任何人看低了她的孩子。于是，儿子一直过着养尊处优的生活。儿子 17 岁的时候，她给他买了辆宝马；儿子 18 岁生日时，她给儿子买了房子。在儿子的烛光生日宴中，妈妈郑重其事地把新房的钥匙交给儿子，并问儿子："孩子，你高兴吗？"儿子对妈妈说："妈，我今天很高兴。但你知道我哪天最高兴吗？"妈妈说："哪天？"儿子说："你死那天，这样你的全部的钱就都是我的了。"

单亲妈妈把全部的爱都给了儿子，拼命地赚钱，为的是让儿子过上好日子，其用心可谓良苦！结果如何？单亲妈妈的案例昭示：留下金钱让子女挥霍，留下遗产让子女继承，如果忽视了理财教育，这些都不能足以让孩子一生幸福，让自己晚年快乐！为什么？俗话说："你不理财，财不理你"，不在理财实践中锻炼理财的本领，不在理财实践中切身体会财富的来之不易，家长留给孩子万贯家财，也会被挥霍一空。中国好多家庭"富不过三代"，原因就是在此！与其把财富留给孩子，还不如把孩子培养成财富，给孩子一个锦绣"钱"程！

正如林则徐所说："子孙若如我，要钱干什么？贤而多财，则损其志；子孙不如我，留钱做什么？愚而多财，益增其过。"

三、理财教育，孩子的生存之本

"不要让孩子输在起跑线上"，中国人对孩子的智商教育抓得很紧，这是全地球人都知道的；中国人对孩子的理财教育十分忽视，这也是全地球人有目共睹的。因为一谈理财教育，在人们的心目中就是谈钱，就是俗气，就是爱钱如命，就是市侩，就是不应该。其实，我们不必拔高理财教育，也不必贬低理财教育，理财教育的实质就是生活教育。在国外，人们把"理财教育"视为"道德教育"或"人性教育"，他们认为，理财教育并不是单纯的灌输知识，而是帮助孩子养成人生所需要的智慧和正确价值观。金钱既然与我们的生活密不可分，大力倡导作为生活教育的理财教育，更是无可非议！

其实，孩子的学习固然重要，但孩子假如只是智商高，缺乏相匹配的情商和财商，这样的教育方式无疑也是不健全的。什么是财商？财商就是指一个人与金钱（财富）打交道的能力。财商是与智商、情商并列的现代社会能力三大不可或缺的素质。可以这样的理解，智商反映人作为自然人的生存能力，情商反映社会人的社会生存能力，而财商则是人作为经济人在经济社会中的生存能力。在现代社会，经济及金钱现象无处不在，人们对金钱的态度、获取和管理金钱的能力，对于人们生活的富足、幸福影响越来越大，财商被越来越多的人认为是实现成功人生的关键。

在人的一生中，财商、智商、情商形成的最佳时间段是青少年阶段。为世界各国培养出一千多名 CEO 教育家的美国教育基金会会长夏保罗先生说："美国许多家长在如何对孩子进行教育的问题上有一个共同的认识，在孩子 IQ（智商）、EQ（情商）、FQ（财商）的教育培养中，财商的教育培养最重要。要想子女成才，就一定要从他们小的时候开始进行财商教育。"美国前总统布什曾说："财商教育让人们得到自信和能力，帮助人们实现梦想。"曾五连任美联储主席的格林斯潘也曾说过："如果不想因为错误的理财决定而遗憾终生，就必须从小接受理财教育。"华人首富李嘉诚先生也谈到自己对财商的感悟："高财商的人可以将财富意识渗透到生活中每一件事情中去，甚至是一举手一投足。"

古人说：留下千垛干柴，不如留下一把斧子。与其把财富留给孩子，还不如把孩子培养成财富。您想给孩子留些什么呢？财富、爱心、责任心、奋斗的精神，还是做人的本领？任何物质性的财富总有一天会用尽，但有一种财富却与此不同，这就是人的高素质。如果把孩子培养成高素质的人才，孩子就能够去创造永远用不完的财富，享受无尽的人生幸福。微软集团的创始人盖茨在退休时把毕生的财富捐给了慈善组织，而不是留给自己的孩子。作为普通人，我们又应该留给孩子什么呢？盖茨用他的行为阐述了这一问题的真谛：留给孩子的应该是经验、经历、品格。如果只给孩子财产，而不留下其他的"好东西"，那么孩子的未来可想而知。沃尔玛是世界上最大的零售企业集团，它的创始人塞姆·瓦尔通在其自传《美国制造》一书中，这样警告他的后代：子孙当中要是有谁胆敢玩弄富家子弟的那类奢侈品，我到地狱里也要起诉他。

什么样的人生是财富？快乐健康，积极向上，有成就感，有事业心，创造和享受幸福的生活，家庭和睦，孝敬长辈。这样的人生是社会的财富，也是父母可以教会孩子的最大的精神财富！

千万别一巴掌打掉一个"生物学家"①

　　这样的例子很多。比如，小明在课堂上听老师说，毛毛虫可以变成美丽的蝴蝶。于是，小明四处寻找，终于找到一条毛毛虫，小明如获至宝，把毛毛虫抓来放在瓶子里，睡觉的时候还放在枕头边。家长见了会怎么样？有的家长会把孩子装虫的玻璃瓶扔出老远，把孩子拖过来破口大骂，说不定还会一抬手"啪"的就是一巴掌！又比如，小敏在课堂上听老师说，一条蚯蚓被挖断了，蚯蚓能自动愈合，一条蚯蚓会变成两条。小敏觉得太神奇了，回家好不容易挖一条蚯蚓，断为两截。放哪里养着可以观察呢？小敏看到了阳台上妈妈的花盆。于是，她将花盆的花拔出来，把土挖松，把蚯蚓放在已松土的花盆里。妈妈回来一看，花蔫了，盆坏了，地脏了，气儿不打一处来，一脚踢翻花盆不说，还随手就给小敏一个耳光。

　　家长啊，须知道，你这一巴掌，打掉的可能是一个"生物学家"！为什么这么说？因为，家长的这一巴掌下去，打掉的是孩子难能可贵的好奇心。法国作家、文学评论家、社会活动家法朗士说过："好奇心造就科学家和诗人。"当代中国集诗书画、文史哲、儒释道于一身的文化大家范曾也说："好奇心是科学之母。"好奇心没有了，一个"生物学家"的幼苗就这样在刚刚萌芽时给掐了！

　　什么是好奇心？就是对自己看到、听到、闻到、碰到等各种感觉器官接触的信息觉得奇怪而去探索的一种心理状态。科学家研究表明，好奇，是孩子的天性，好奇心是儿童求知的最强大的内在动机之一。中国教育家陈鹤琴指出"好奇心对于幼儿之发展，具有莫大作用，幼儿凡对于一切新的东西就产生出好

---

　　① 本文发表于南京出版传媒集团主办的《好家长》2015 年 5 月刊（5 月 27 日出版，总 425 期），中国知网收录。

奇心，一好奇就要与新东西相接近"。正是通过这些探究行为，儿童有选择性地了解周围事物，并积累大量生活经验。法布尔为什么能成为大昆虫学家？这与他小的时候对昆虫特别感兴趣有关。童年时代的法布尔，常常在小溪里抓蝌蚪、逮青蛙、捕小鱼，在草丛中追蜻蜓、捉甲虫、扑蝴蝶。他为了捉一只纺织娘，竟到黄昏都不回家；长大一点后，他去放鸭子，他把鸭子放入水里后，就开始去捉昆虫，捉到太阳西下，他赶着鸭子回家时，他的两个口袋塞得满满的都是小甲虫之类的动物。好奇心就这样成就了一个昆虫学家法布尔。美国大发明家爱迪生在小时候也是一个特别好奇的儿童。有一天，他看到老母鸡蹲在窝里孵蛋，他很好奇，他蹲在邻居的鸡窝里，一本正经地说："我也要孵小鸡"。正是由于爱迪生从小有强烈的好奇心和刻苦学习钻研的精神，才成长为大发明家。世界"汽车之父"福特的传记中记载了这样一个故事：出生于一个小农场主家庭的福特从小对摆弄机械有一种超常的兴趣，对拆装家里的钟表到了如痴如醉疯狂着迷的地步。他的姐姐说，我们福特家的钟表"一看到亨利（福特）走过来就浑身发抖。"他看到柴炉上煮开水的茶壶在"哧哧哧"冒着热气，他便塞住壶口，结果水壶炸开，险些酿成伤害事故。他在学校里制作了一个蒸汽涡轮，结果把学校的墙壁都撞了一个很大的洞。好奇心的出现，标志着儿童的高级神经活动已经有了较高的发展，儿童的分析综合能力、逻辑思维能力开始发展。好奇是儿童高级情感发展的表现。儿童的高级情感是在认识周围社会和人们的交往过程中发生的。儿童由好奇提出问题，问题得到解答时，儿童不但获得了知识，在精神上也会得到满足和愉悦。好奇心能促使儿童像海绵吸水一样去寻求知识；好奇能引导儿童细心观察世界，进行新的创造。因此，积极培养孩子的好奇心，是开发儿童智力、发展儿童创造力的基础工程。正如说过"知识就是力量"名言的培根所说："知识是一种快乐，而好奇则是知识的萌芽。"

好奇心是创造性人才的重要特征。居里夫人说："好奇心是学者的第一美德。"牛顿坐在苹果树下乘凉，一个苹果"咚"地落在他头上。他好奇地质疑：苹果为什么会落在地上，而不飞上天呢？他对这个看似普普通通、毫无价值的问题展开了研究，最后，终于发现了"万有引力"。瓦特对烧水壶上冒出的蒸汽也是十分好奇，最后改良了蒸汽机。爱因斯坦从小比较孤僻，但对罗盘有很强的好奇心，他说："好奇心是科学工作者产生无穷的毅力和耐心的源泉。"伽利略也是看吊灯摇晃而好奇发现了单摆；经过不断观察和实验后发现，两个不同重量的物体，在同一高度、同一时间、没有外力作用下会同时落地。列文虎克因为有了好奇心，想去寻找十分小的生物体，所以才发明了显微镜。人类对太空充满了好奇，而发明了天文望远镜。所有这些都是因为人类对世界充满了好奇而发现和发明的，所以人类永远也不能没有一颗好奇的心。好奇心可以使人类去做连自己想都不敢想的事情，正是有了好奇心，人类才得以发展和进步，成为地球的主宰者。人类不断地在探索大自然的奥秘，并且创造了一个又一个世界奇迹。人人都拥有了好奇心，这个世界就会充满了活力和生机，明天将更加美好。

家长们，著名教育家苏霍姆林斯基是这样说的："人的内心里有一种根深蒂固的需要——总想感到自己是发现者、研究者、探寻者。""哪里没有求知欲，哪里便没有学校。""孩子提出的问题越多，那么他在童年早期认识周围的东西也就愈多，在学校中越聪明，眼睛愈明，记忆力愈敏锐。要培养自己孩子的智力，那你就得教给他思考。"让我们的孩子在"十万个为什么"中度过；让每个孩子都拥有一颗好奇心；让好奇心成为孩子认识世界的动力；让孩子从认识毛毛虫、蚯蚓这些个小动物开始，慢慢成长成为"生物学家"；让孩子们在天生的好奇中发现更美好的人生！

家教民主　孩子成长的沃土①

　　小廖同学以优异的成绩被中央财大录取，欣喜之余，想起他六年前跨入初中的一件往事。那是小廖进入初中的第一个家长会。家长会嘛，自然有的家长借口这借口那不来了；有的也是爷爷奶奶、不大成年的哥哥姐姐来代会；唯有小廖同学的父母双双参加会议。家长会后，我特地找到了廖爸廖妈。廖爸廖妈说，为了今天的家长会，我们家昨天晚上还开了半小时的家庭会议呢。本来他爸今天还有其他的事要办的，家庭会上，小廖同学说："这是我读初中的第一个家长会，我想爸爸妈妈重视一点，与其他同学不一样，爸爸妈妈一起参加。"经协商，家庭会议一致决定，父母第二天一起参加家长会。

　　如何参加家长会，要开一个家庭会议来做决定。事情虽小，意义却大：我们从其中看到的是家庭教育的民主作风。望子成龙、望女成凤是父母的共同心愿，但家教方法却各有相同，有的专制，有的放任，有的溺爱，有的民主。只有"民主型"的家庭教育，符合心理学、教育学规律，有利孩子成长。因为"民主型"的家长能尊重孩子的人格，能保护孩子的自尊心，能满足孩子的好奇心，能从小培养孩子爱学习、爱思考、爱创新的素质。这种民主型的家庭教育，正是孩子茁壮成长的肥沃土壤！

　　家庭教育中如何做到民主呢？

一、理解与尊重

　　受传统家教观的影响，中国的家教，封建家长制作风由来已久，根深蒂固。

---

　　① 本文发表于江西日报社主办的《都市家教》2015年第18期，该刊为全国省级优秀教育期刊，被万方数据库、龙源期刊网、中国核心期刊（遴选）数据库收录。

训斥、指责、命令、打骂，被推崇为教子"良方"，有人公然宣传教子"秘诀"：拳头加棍棒！严厉责骂，孩子多胆小、怯懦；心平气和谈心，孩子会变得自信、活泼。科学研究表明，少年儿童时期是个体人格建构的关键期，尊重和理解孩子，孩子就自信、自尊，比较容易建立健全的人格。所以，尊重与理解是民主家教的核心。

要尊重与理解，首先要明白，子女与父母在家庭中的地位是平等的，二者都是一种社会角色，这两种社会角色既对立，又互动；既相互依存、相互制约，又双向互动、共同成长；既是亲子、师生，又是朋友、伙伴。孩子是"人"，不是家长的"附属品"。

尊重与理解孩子，还要用"童心"看孩子。一根鸡毛，孩子可能当成至宝拿来玩，父母却觉得很无聊。要想真正地做到民主，父母必须感悟童心，顺其自然地诱导孩子，让他们自由成长！要理解孩子的烦恼和困惑，理解他们学习上的困难，理解他们犯的错误，千万不要用"完人"的标准来评价"正在成长"的孩子。

二、倾听与沟通

家长不要总是对孩子说这道那，指手画脚，要耐心听孩子说，倾听其心声，走进其内心世界。以平等心态、和蔼态度交流，全神贯注倾听，这样，孩子才乐意接近您，和您交流。孩子如数家珍般向你诉说学校生活的点点滴滴时，他在学校的表现一定不错。

孩子对家中事务有知情权、发言权、表决权。家中重大事务、收支情况、主要购置等，家长都可以告知孩子并征求意见。如果家长想替小孩拿主意，也要问孩子的意见，充分考虑其合理要求，诚恳地帮助孩子，提高其分析事物、明辨是非的能力。小孩因年纪小拒绝正确的提议时，要说理，使小孩意识到自己存在的问题，并乐意改正。

三、体验与陪伴

要放手让孩子体验。要让孩子在参与家庭事务管理过程中，培养生存能力、感受生活责任。凡事可以先让孩子拿主意；家长也可给出多种方案，让孩子选择。即使他不成功，也不必强行插手，因为"失败是成功之母"。失败的经历会给孩子以刻骨铭心的记忆，会帮助他积累生活的经验，从而吸取教训，进而做出明智的选择。

找点空闲，陪陪孩子。和孩子共同进行一些健康的、积极的、有趣味的游戏；带孩子一起欣赏音乐、登山、看日出；带孩子去乡间感受淳朴乡情，去城市感悟日新月异的变化……外出打工的家长们在这方面更应引起重视。

四、鼓励与惩戒

好孩子是夸出来的。适时恰当的夸赞，会激发孩子自尊、自主、自立和上进心。家长应经常赞扬孩子，让孩子觉得自己很能干，这样，孩子在做事的时候，就会充满信心，跃跃欲试，处处想表现、证实自己。

特别值得一提的是，民主型家教也应有必要"惩戒"。为什么？因为孩子毕竟只是孩子，一味放纵溺爱，忽视缺点，对孩子成长不利。如何惩戒？失误打破碗、弄脏衣服、发点小脾气，提醒注意就行了；故意为之，首次说理，分析原因、危害和如何避免，若再犯则罚。惩罚手段也可以和孩子"商量"，以不伤孩子的心理、身体为前提。怎样罚？写 500～3000 字的说明书；罚三天不许看动画片；罚不准出家门，在家读书一整天；等等。处罚绝不是简单的打骂，而是心理的疏导和行为的适当约束。

习近平总书记曾经说过："家庭是社会的基本细胞，是人生的第一所学校。"让我们的孩子沐浴在民主的家教之中，我们的孩子就会茁壮成长！

家庭教育　父亲不可"缺位"①

古语有云"养不教，父之过"，其意是说生育子女，只知道养活他们，而不去教导他们，那就是"父亲"的过错。这样看来，父亲"缺席"家庭教育的现象，古已有之。本文正是欲就这一现象做一些有益的探讨。

一、父亲"缺位"何其多。在一项关于"在你的成长过程中，谁承担了更多的教育责任？"的调查中，选择母亲的47%，是父母均担的29%，选择父亲的仅占24%。有人在深圳做了一个调查，结论是父亲与孩子是"同在屋檐下，就是不碰头"：70%的孩子在晚上十点之前见不到爸爸，40%的孩子一周内与爸爸基本上没有交流。在大多数家庭中，孩子从出生到上学基本上是处于女性中心的教育环境之中：在家里，他们接触最多的是母亲、保姆、外婆和奶奶，与父亲、爷爷、外公有接触，但真正相处的时间不多；接送孩子、给孩子作业签字、与老师打交道、周末陪读的大多是母亲；家长会上，80%的是"娘子军"，"家长会"几乎成了"妈妈聚会"，俨然"抗战"的"敌后根据地"；中小学阶段，特别是小学，绝大多数是女教师。大多数孩子就是在这样一个男性缺失的"母系氏族"教育环境里走过童年，走过少年，走过青年。

二、父亲"缺位"为什么？家庭教育中为什么有这么多"隐形"爸爸？究其原因有以下几点：一是受"男主外、女主内"传统思想的影响，大家自然认为：父亲就应该在外打拼干事业，母亲的职责才是"相夫教子"。二是有的父亲把主要精力放在改善家庭的社会地位和经济条件上，常常以工作忙、事情多为借口，逃避自己的做父亲的责任。三是在"母权家庭"，教育小孩的事儿，母亲

---

① 本文发表于江西日报社主办的《都市家教》2015年第24期，该刊为全国省级优秀教育期刊，被万方数据库、龙源期刊网、中国核心期刊（遴选）数据库收录。

不要父亲插手，父亲的教育权力被"边缘化"了。正因此，有人说：中国的家庭都是"单亲家庭"：只有一位"多功能全自动"的母亲，没有真正意义上的父亲；即使有生理上的父亲，也没有精神上的父亲！

三、父母作用各不同。母亲教育，看重细节；父亲教育，注重整体。母亲温暖、善良和慈爱，是孩子成长的摇篮；父亲有思想、阅历和行动，是孩子成长的方向。母亲是孩子日常小事的依赖，父亲却是重大问题上的依靠。母亲关注的是孩子的情感与生活，是他们感情的靠山，影响孩子感情发育的丰富、温存和崇高；父亲关注的是行为方式、思维习惯，是他们的精神支柱，影响孩子精神发育的深刻、博大和理智。母亲教育是阳光，没有阳光我们立刻感到生命的黑暗；父亲教育就是空气，缺少空气生命也会慢慢窒息。

孩子成长的不同阶段受父母的影响力也不一样：小学三年级前，养育多于教育，母亲的细心、耐心显得内行、有效，母亲的影响大于父亲；到了初二，平分秋色；初二以后，基本依靠父亲；步入青春期，孩子要独立，不能忍受母亲过于细微的管束，父亲简约的管束反而受孩子的欢迎。我们常常看到这样的现象：如果在孩子小的时候缺失父亲教育，孩子的问题被潜伏、掩盖，其消极影响表现得不是很明显；但是到了自我意识觉醒、独立意识增强、出现心理逆反的青春期，母亲对子女的控制便变得力不从心。这时，很多母亲转而抱怨父亲不管孩子；父亲也会因在孩子小的时候缺乏接触、沟通，没有感情基础，只能用简单粗暴的强制命令甚至打骂的方式来管教孩子，最终往往是对孩子无可奈何。还有很多家庭，由于晚婚晚育，很多母亲的更年期刚巧遇上子女的青春期，针尖对麦芒，暴风骤雨般的冲突，就会在子女的中学时代全面爆发！

四、父亲是性别坐标。如果"性别教育"在儿童时期出现倒错，长大了就会出现"假丫头"、"假小子"。父亲在子女的"性别教育"中有十分重要的作用。对于男孩来说，父亲是他的典范，男孩从父亲那里模仿学习"男子汉的气概"。父亲教育儿子，除了培养他具有男人的阳刚气质外，还能培养他具有男人的行为方式、思维方式和表达方式，从小熟悉男人的游戏规则，树立男性的自豪感、权威感和责任感。女孩则从父亲那里学习与异性交往的经验。父亲是女儿的精神支柱，她从父亲那里学习自信、坚强和理智的品格。父亲对女儿的智商有影响，心理学家发现：有父爱的女孩具有更高的理想，她们的数理化成绩明显要好于那些只有母爱的女生；父亲对女儿的情商也有影响，父女关系不好的女生，中学时代就更容易出现早恋。父亲是女儿接触的第一个男人，女儿要通过他去认识异性，认识异性的思维方式、表达方式；学会跟异性相处的艺术；只有对异性有所认识，有所了解，才能学会鉴别，才能看清对方心底里的"花花肠子"，将来，她才会有自己幸福的爱情和婚姻。综上所述，我们可以说父亲是子女的性别坐标：他是男孩的榜样，是女孩未来生活的参照。

五、父亲作用也重要。教育心理学家认为，父亲是儿女心目中的英雄、家庭身份的象征，父亲的品格丰富了儿女的生命，儿女的品格则是父亲生命的延续。在孩子的智商培养方面，父亲注重逻辑思维、理性思维、创造性思维，有助于提高孩子的逻辑推理、分析理解和创新实践能力。父亲喜欢动手动脑，有较强的探索精神，对新生事物感兴趣，有助于培养孩子操作能力、探索精神，发展其求知欲、好奇心和想象力。在孩子的情商培养方面，父亲独立自主、自信进取、坚强果敢、敢于冒险、热情宽厚、勇于坚持、不惧困难、富有合作、心胸开阔、大方幽默，有助于孩子在潜移默化之中形成这些良好的品质。父亲比较喜好运动，他们带孩子去跑步、游泳、攀岩、打球，可以锻炼孩子的意志力。

根据国家贫困儿童研究中心的报告，缺失父亲教育的男生，逃学的可能性会增加一倍，犯罪的可能性会大两倍，长大后需要接受心理治疗的可能性会增加三倍；如果是女孩，长大后成为单身母亲的可能性也高出三倍。大量研究资料还证明，与父亲接触少的孩子，身高、体重、动作等方面的发育速度明显落后，普遍存在焦虑、自卑、自闭、任性、多动、自控力差、有依赖性等问题，被专家称为"父爱缺乏综合征"。

六、父亲如何不"缺位"。避免父亲"缺位"家庭教育的方法，一是做父亲的要提高认识，认识到自己在家庭教育中的重要作用和不可替代性，牢记自己的责任，主动成为家庭教育的宏观调控者。二是母亲要学会解放自己，无私奉献的同时，克制自己对子女的那种本能的情不自禁的爱，留出足够的教育空间和时间，想方设法把孩子的父亲拉入家庭教育当中，让父亲多陪陪子女。

弗洛姆在《父爱的艺术》中说："父亲虽不能代表自然界，却代表着人类存在的另一极，那就是思想的世界，法律和秩序的世界，风纪的世界，阅历和冒险的世界，父亲是家庭教育的重要力量。父亲是孩子的导师之一，他指给孩子通向世界之路。"父亲参与家庭教育，既是一种教育方法，也是一种教育态度；父母教育的融合，开启孩子快乐而幸福的人生！因此，我们做父亲的，要积极承担起做父亲的重任，要把做一个好父亲当作自己一生最光荣的事业！

最后，值得一提的是，单亲妈妈也不用过分的紧张，担心孩子因为缺少父亲在身边就一定比其他的孩子差，妈妈们只要注重完善自己、丰富自己，掌握科学的教育方法，也会让孩子成长的与其他孩子一样健康快乐！

不要被 "别让孩子输在起跑线上" 迷惑①

每个家长都 "望子成龙"，中国的家长尤甚。受时代和环境限制，好多家长曾错失自己的黄金年华，于是他们将改变命运的希望寄予孩子，"别让孩子输在起跑线上" 就成了众多父母的座右铭。我们常常看到这样的现象：

幼儿园招生时，报名处就排起了长龙，收费较高的特长班更是家长的首选。家长以不想让孩子输在起跑线上为由，希望孩子在上幼儿园时就能多学一些知识。

孩子刚上小学，为了不让孩子输在起跑线上，家长放弃家庭教育，把小孩送到寄宿制学校交给老师；或者上重点学校，觉得这样就是放进 "保险箱" 了。"虎妈"、"狼爸" 更是顾不上关注孩子的疲惫和无助，"五加二、白加黑"，双休日安排得满当当：报才艺班，学习钢琴、小提琴、画画、跳舞、唱歌，让孩子尽可能地 "多才多艺"；想尽一切办法让孩子在 "知识和技能的海洋里遨游"，不是奥数，就是英语；不是理化，就是作文，让孩子在各种培训班、补习班、特长班之间游走。

有的家长为了不让孩子输在起跑线上，不遗余力地动用自己所有的关系网为孩子择校、选班。于是，各房地产商家抓住了巨大的商机，在极力宣扬教育要投资理念的同时，在各名校的周围巍然耸立起价格不菲的 "学区房"，有钱的人家，父母甩出几百万，买个学区房，孩子就可以开开心心地读名校去了。有的地方就曾曝出 "学区厕" 新闻，说某学区的厕所里迁入了几十家的户口。有的家长更干脆，把小孩送到国外去读小学、中学，接受所谓的

---

① 本文发表于黑龙江教育科学研究院主办的《成才之路》2016 年 1 月刊，原标题为《"别让孩子输在起跑线上" 的思考与研究》，该刊被中国知网、万方数据库、龙源期刊网、维普网、教育阅读网收录。

"更先进的教育"。

越来越多的父母绷紧了神经，生怕因自己"下手"太晚、考虑不周而拖了孩子的后腿。一位准妈妈说："我和先生已经做好了'教育计划'，希望宝宝一出生就能接受最好的教育。"家长焦虑之情溢于言表。《中国家庭育儿方式研究报告》曾经对"您认为孩子竞争起跑线应该设在什么阶段"这个问题展开调研，有43%的妈妈认为孩子的竞争从胎教开始，25%的妈妈认为是在进幼儿园之前，24%的妈妈认为应该是在孩子上幼儿园后和读小学之前。综合所有妈妈的选择，中国父母将孩子的"竞争起跑线"平均设在宝宝出生后的第18个月。

"起跑线"上的竞争如此激烈，我们不得不仔细辨别一下"别让孩子输在起跑线上"这个说法的对与错了。

我们不妨先看看专家的意见。童话大王郑渊洁是这样说的："如果孩子的人生是参加一场马拉松长跑竞赛，那么在起跑线时是否领先是不重要的。因为，马拉松竞赛的特点是：谁笑到最后，谁笑得最好。"如果是这样，我们不禁要问：孩子的"起跑线"究竟在哪里？如果孩子赢在了"起跑线"上，他就能赢到"终点线"吗？能"笑到最后"吗？看看我们的周围，好多所谓赢在"起跑线"上的孩子，因为过早地透支了体力、健康和智慧，反而不一定能赢到终点、笑到最后。近年来，屡见不鲜孩子因学习压力过大而走上极端的报道：有的就是因为不适当的"起跑"而患上了不同程度的抑郁、狂躁、焦虑等心理障碍性疾病；个别孩子还因此走上不归路……父母是不想"让孩子输在起跑线上"，可结果呢，孩子却输得一塌糊涂。王安石的《伤仲永》就讲述了一个天才小孩最终变得和常人无异的故事。20多年前，某大学的少年班家喻户晓；可如今，这些昔日的神童几乎全军覆没，鲜有国家栋梁之材；极个别的还转而"研究佛学"去了。相反，有的在事业上非常优秀的成功者，小时候并不是优生，有的甚至是"差生"。叶永烈就是一个"慢热型"选手，上小学时，作文和读书都曾只有40分，而他读的是北大化学系，没毕业就当起了科普作家，后来还做过导演，创作过纪实文学。

体育运动员如果没有做好热身运动就猛地投入比赛，很有可能会导致抽筋、跌倒，甚而心力衰竭，不得不中途退出比赛。有的人把人比喻为汽车，童年就是人的磨合期。买过新车的人都知道，磨合期的车速不能过快，只有这样，这辆车未来才能风驰电掣；如果磨合期高速行驶，车就会早衰，该高速行驶了，它却反而会力不从心。孩子也是这样，在童年不能满负荷运转，要适度磨合；到了成年，才能快马加鞭，后劲十足。如果把孩子比作一棵小树苗，想让这棵树苗茁壮成长的方法一定不是违背人的智能和身心成长的自然规律去拔苗助长。树苗该什么时候发芽、开花、结果，都有一定的规律，只要把它培植在肥沃的土壤，接受足够的雨露阳光，它就一定可以枝繁叶茂。育人也要遵循规律，切忌拔苗助长！有两人到沙漠植树，树种下后，一人浇了几天水就不管了，任由树木自己生长；另一人精心管理，天天浇水，定期施肥，树长势非常好。前者种下的树生长得非常缓慢，而且矮小，备受讥笑。可是，夏天的一场大风过后，精心养护的树木被连根拔起，疏于照料的树却损伤很小。为什么？因为不常浇水，树为了寻找生长所需的水分，就拼命把根一直向地下扎，所以大风刮不倒它们。沙漠植树的经验是否值得借鉴：要长成参天大树，就得经历自然界的风吹雨打，那些温室里培育出来的花草，往往在面对风雨时显得弱不禁风。

翻开联邦德国的《基本法》（即宪法），其第七条第六款明确规定，禁止设立先修学校我们会大吃一惊：为什么？他们的教育专家告诉我们，孩子在小学前的"唯一的任务"就是快乐成长；因为孩子的天性是玩耍，所以要做符合孩子天性的事情，而不应该违背孩子的成长规律；先修学校（学前教育）破坏想象力。爱因斯坦不是说过嘛：想象力比知识重要。有想象力的人才能进行创造性劳动，而知识是想象力的天敌；知识符合逻辑，而想象力无章可循；人在获得知识的过程中，想象力会消失。无独有偶，来自美国全美幼儿教育协会（NAEYC）的DAP教育，倡导适宜性、开拓性、目的性的幼儿教育，以创意性游戏体验为主要表现形式，以玩为主的教育方式保护孩子天性，它与蒙台梭利教育、华德福教育、福禄贝尔教育并称为"世界四大幼儿教育理念"。德美教育的结果如何？自诺贝尔奖设立以来，8200万德国人（含移民德裔）分享了一半的诺贝尔奖，另外60多亿人获得剩下的一半。美国的情况，似乎也没有我们想象的那样糟糕。

一位不足20岁就获得博士学位的人，人们艳羡他的成功，他却说：我的童年是在父母的责骂和高压下走过来的，现在想想无异于一场噩梦；最快乐的童年我都没有了，我的人生哪有幸福可言?！苦不堪言的"竞技比赛"，就是这样活生生地让孩子在"东奔西跑"中剥夺了本应该拥有的童年美好的幸福快乐。特别是现如今，有人提出：有德有才是上品，有德无才是次品，无德无才是废品，而无德有才则是毒品。把活生生的人的教育等同于工厂的生产，可见，功利化了的教育，比不教育更可怕；这种教育的功利心，一定会害了孩子，害了教育，进而害了祖国的未来！正是因为这样，2011年年初，教育部基础教育司的一位副司长在新闻通气会上就说过："'不要输在起跑线上'这句话某种程度上是一种忽悠！"我们要给那些把"不让孩子输在起跑线上"奉为圭臬的父母们提一个醒：不要盲目相信这样的口号，不要被这样的口号所蛊惑，一旦盲目相信，浪费大量的金钱和精力是小事，榨干孩子的潜能是大事，严重的话，孩子可能会因此而痛恨学习，从而影响他一生的发展。同样，另一部关注教育改革的电视纪录片《教育能改变吗?》也指出："不让孩子输在起跑线上，是最恶毒，最蛊惑人心的口号。"为了真正遏制住"不让孩子输在起跑线上"的幼儿教育小学化不良倾向，教育部于2012年10月印发《3-6岁儿童学习与发展指南》，并要求"珍视游戏和生活的独特价值，创设丰富的教育环境，合理安排一日生活，最大限度地支持和满足幼儿通过直接感知、实际操作和亲身体验获取经验的需要，严禁'拔苗助长'式的超前教育和强化训练。"

如何才能不被"别让孩子输在起跑线上"所迷惑？我们要把目光从孩子的"起跑线"上收回来，把眼光放远一些，把目光"瞄准"孩子的整个人生，相信每个孩子都有自己的"小宇宙"，而且"小宇宙"一定会爆发，或是少年得志，或是大器晚成；不过，可以肯定的是，"起跑线"上没有输赢。还要给孩子最好的德行，教他学会做人。真正支撑孩子一生有所作为的"力量"是德行，这是人生方向的问题，如果方向选择错了，不但没有赢的可能，反而会输得很惨。所以，家长要丰富孩子的道德思想，不仅要让孩子"成材"，更要让孩子"成人"，拥有良好的德行，即使孩子在"起跑线"出发时比别的孩子晚了一步，只要他朝着正确的方向努力前进，他一样会拥有幸福的人生，一样会赢在人生的终点！

破除"起跑线上"的恐惧，今天的家长一定要有一颗强大的平常心，不要为商业蛊惑所困扰，不要为攀比而烦忧，坚持常识，把儿童当儿童，淡化早教热、培训热、分数崇拜、名校崇拜，让孩子在符合其生长规律的教育下茁壮成长，让我们的孩子不仅仅赢在人生的起点，更要赢在人生的终点，这样，我们的孩子快乐幸福，我们的国家也才会有充满快乐幸福美满的未来！

《"坏"爸爸造就好孩子》揭示的"高分秘诀"①

考考考，老师的法宝；分分分，学生的命根。于是乎，有的家长天天要孩子除了看书，还是看书；有的学校"苦教"，"5＋2"，"白＋黑"，题海战术；有的学生天天"苦读"，"两耳不闻窗外事"……但是，孩子的成绩依然不理想。然而，在我们永州，有这样一位"'坏'爸爸"，孩子读小学前坚决不让识字，不鼓励考第一名，不督促读书，不监督写作业，不辅导功课……令人意想不到的是，这样培育的儿子，高考时却考出了可以就读北大、清华的好成绩，大学毕业还以优异成绩考上美国佐治亚理工学院全额奖学金的博士。不仅如此，这位"'坏'爸爸"的大侄16岁考上北大，二侄15岁考入科大少年班，三侄考上清华，且都是中外顶尖大学的博士。一门四博士，曾成为轰动永州的美谈。"'坏'爸爸"郑正辉将他成功的家庭教育经验加以总结，写成了一本由近100个故事组成的叙事体长篇小说，这就是《永州日报》曾经连载的，上海人民出版社出版的《"坏"爸爸造就好孩子》。

一门四博士！作者在书中给我们揭示了怎样的"高分秘诀"呢？

一、兴趣，最好的老师。 有这样一个故事：有个孩子上课时听老师说，一条蚯蚓被挖断了能自动愈合而变成两条。他觉得太神奇了，回家挖一条蚯蚓，断为两截，放在阳台上妈妈的花盆里养着。妈妈回家一看，花蔫了，盆坏了，地脏了，气儿不打一处来，一脚踢翻花盆不说，还随手就给孩子一个耳光。这事被时任教育部部长的李岚清同志听到了，他发出了这样的感叹："家长啊，你知道吗？你这一巴掌打掉的可能是一个科学家呀！"岚清同志为什么这么说？因

① 本文发表于河北省阅读传媒有限公司主办的《少年素质教育报》2016年第3月刊，被中国知网收录。

为，家长的这一巴掌下去，打掉的是孩子难能可贵的好奇心和探求未知世界的浓厚兴趣！法布尔小的时候对昆虫特别感兴趣，常常在小溪里抓蝌蚪、逮青蛙、捕小鱼，在草丛中追蜻蜓、捉甲虫、扑蝴蝶，浓厚的兴趣让他成了大昆虫学家。爱迪生为什么能成为大发明家，只要听听他小时候"孵小鸡"的故事就知道了。被称作世界"汽车之父"的福特，小时候对摆弄机械有一种超常的兴趣，他家的钟表，"一看到亨利（福特）走过来就浑身发抖。""好奇心是科学之母。"（范曾语）好奇心和兴趣都没有了，一个科学家的幼苗才刚刚萌芽，就被无情地掐了！

书中，"'坏'爸爸"在培育孩子的兴趣方面花的功夫还真的不少：一有空闲就带儿子在城里城外四处游玩，陪儿子打弹子、玩词语，陪儿子卖冰棒、为死鸡举行葬礼，带儿子下厨、养蚕、养鸟、做玩具……养蚕时，"为了鼓励儿子，我买回一本空白荣誉证书，用红薯刻制一枚圆章，刻上'世界桑蚕总会郑家分会'。在证书上写上'奖给优秀养蚕专家'，盖上红薯'公章'，郑重其事地为儿子颁奖。他如获至宝，比在幼儿园获了奖状高兴十倍。"好奇心能促使儿童像海绵吸水一样去寻求知识；好奇心能引导儿童细心观察世界，进行新的创造。著名教育家苏霍姆林斯基曾说过："哪里没有求知欲，哪里便没有学校。""孩子提出的问题越多，那么他在童年早期认识周围的东西也就愈多，在学校中越聪明，眼睛愈明，记忆力愈敏锐。要培养自己孩子的智力，那你就得教给他思考。"很多家长都爱孩子的"高分"，殊不知：好奇和兴趣才是驱动孩子爱读书的内驱力；爱读书的孩子，成绩肯定不会差；只有出自孩子好奇和兴趣的"高分"，才能得以永远保持！

二、榜样，最大的力量。我们常常发现，一家几姊妹，如果老大考上了好大学，后面的几个姊妹也都可能考上好大学。这说明了榜样具有无穷的力量。书中也是这样描述的："傻小子读小学四年级那一年，我三侄儿考上清华大学。打完架，傻小子趴在我身上，抚摸我满脸的胡子，郑重地道：'爸爸，我要考清华大学的少年班！'"由此可见，三个哥哥对他的影响确实不一般。

其实，书中的爸爸对孩子的影响也挺大的。作者自是书生一人，出差带回最多的是书；业余时间最多的也是看书；为了读书，毅然放弃工作条件优越的单位；与儿子一起背诵《三字经》、《百家姓》和《弟子规》……这一切的一切，潜移默化。我们常说家长言传身教，言传，是教给孩子知识与道理；身教，就是父母或其他家庭成员以自身的言谈举止给孩子树立模仿和学习的榜样。我们常常看到，孩子的长相和走路、站立、说话像父母；礼貌、教养父母；家长抽烟，孩子长大后抽烟的机率大；家长喝酒，孩子长大后喝酒的多；家长吵架，孩子长大后也喜欢吵架。为什么？因为，家庭是孩子人生的第一课堂，父母是他的第一任教师；家庭是孩子的一面旗帜，父母是他的一面镜子。榜样的力量是无穷的，好的榜样，像矗立在孩子人生前方的灯塔和路标，为孩子提供巨大的动力和能源，帮助孩子取得长足的进步。在家庭教育中，父母为孩子树立起怎样的榜样，将会对孩子的未来产生巨大的影响。

托尔斯泰曾有这样的名言："在一个家庭里，只有父亲能自己教育自己时，在那里才能产生孩子的自我教育，没有父亲的先锋榜样，一切有关孩子进行自我教育的谈话都将变成空谈。""全部教育，或者说千分之九百九十九的教育都归结到榜样上，归结到父母自己的端正和完善上。"正因此，有的家庭教育专家提出："一流的父母做榜样，二流的父母做教练，三流的父母做保姆。"

三、故事，最好的养分。故事，是最能点燃儿童思想和语言的火花；故事，也是开启少年儿童智慧大门金钥匙。书中的儿子从小就是神童吗？不是！作者自己就认为："我有自知之明，我们家的孩子都是普通孩子，特别是我儿子智商平平，青春期还经历了较严重的心理危机。"为什么"智商平平"的儿子又考出了优异的成绩呢？这与作者陪儿子讲故事开发智力分不开的。书中是这样描述的：一岁半始，郑正辉就为儿子编了一个连续故事《小花狗》，一天讲一集，一集讲一小时左右；到两岁半，他要求儿子跟自己一起把《小花狗》编下去，父子俩比赛，一人一天讲一集，看谁讲得好；这个故事讲了将近 6 年，大约 1900集。作者的原意，"是想将正确的价值观和他对儿子的期望倾注在故事的主人公身上，让主人公成为儿子的偶像，潜移默化地化为他自己内心的动力，不露痕迹地引导他树立自我意识，树立正确的世界观和价值观。"

其实，令作者意想不到的是：故事，不仅仅培育了孩子正确的世界观和价值观，而且还大大开发了孩子的智力。为什么？因为：故事有助于提高孩子的注意力，如孩子在一起活泼好动，不能安静下来，但一开始讲故事，再淘气的宝宝也会很快静下来，能集中注意力就是专注，而专注的孩子一定成绩好；故事中的环境描写最具特色，随着故事情节的变化，高山、树林、小溪等空间变化频繁，不同的环境在孩子的大脑中形成不同的画面，孩子把自身融入故事情节中，去感悟、去体会，在潜移默化中丰富了孩子的想象力；故事的语言活泼、简练、流畅、通俗易懂，句式表达无比丰富，是不同民族语言的精华，集语言、心理、环境等描写为一体，讲故事中，注重语言的表达，抑扬顿挫，让孩子感受语言的魅力，故事是儿童学习语言的好教材；故事成了孩子们生活中的"语言教师"，在听故事、讲故事的过程中，幼儿不断地学习着故事中的规范语言，学习着把话说清楚并富有表现力，这对他们清楚、准确的发音，连贯性的独白语言的发展是十分有意义的。原苏联著名教育家苏霍姆林斯基曾指出："童话和游戏一样是儿童童年不可缺少的！"

家长啊，想要你的孩子聪明、智商高吗？那就在孩子童年时，每天花一小时左右的时间，为他讲讲故事吧！或者像书中的作者一样与孩子一起讲故事、编故事，你也会像作者一样收获丰硕的回报！

四、民主，最好的氛围。 孩子到了一定的年龄，对家庭、自身的事务要发表自己的意见，这是好事，是孩子逐渐长大了的标志。但是，有的家长就是不理解，在家里大搞"一言堂"，什么事情都是"老子说了算"，受传统家教观的影响，训斥、指责、命令、打骂，被推崇为教子"良方"，有人公然宣传教子"秘诀"：拳头加棍棒！孩子天天生活在与父母做斗争的反叛之中，心不平，气不顺，哪来时间和精力潜心学习？！科学研究表明，少年儿童时期是个体人格建构的关键期：严厉责骂，孩子多胆小、怯懦；心平气和谈心，孩子会变得自信、活泼；民主家长，能尊重孩子的人格，能保护孩子的自尊心，能满足孩子的好奇心，能从小培养孩子爱学习、爱思考、爱创新的素质；民主家教，符合心理学、教育学规律，有利孩子成长。

书中的父母正是这样做的：从小，就让孩子对家里的事情发表自己的意见，"将孩子视为跟自己平等的人，尊重孩子的独立意志和独立人格，尊重孩子的选择，发现孩子的兴趣，呵护孩子的好奇心和探索精神，引导孩子不断提高自我教育能力。"特别是在孩子初中升高中选择学校时，父母更是充分尊重孩子的意见，没有丝毫的强迫。儿子放弃了到省城师大附中、永州一中就读的机会，毅然选择在永州三中读高中，父母完全同意、支持，这实在是难以做到，也难能可贵！正因为民主，正因为家里的事都商量，孩子自己做的选择，他也不会后悔，他才会自觉努力。

更值得一提的是，民主的家庭里，孩子犯错误了怎么办？作者也给我们提供了借鉴："每个孩子都会犯错误，犯了错误必须惩处，没有惩处的教育是不完整的教育。我儿子也犯错误，我的惩处原则：不损伤孩子的人格。方法是：不打不骂，让孩子自己陈述所犯的错误；告诉孩子你的感受；告诉孩子错在哪里；让孩子知道你跟从前一样信任他、一样爱他。孩子认识到错误之后，及时给予奖励。"

五、静等花开，最好的心态。每个家长都"望子成龙"，中国的家长尤甚。受时代和环境限制，好多家长曾错失自己的黄金年华，于是他们将改变命运的希望寄予孩子，"别让孩子输在起跑线上"就成了众多父母的座右铭。"虎妈"、"狼爸"更是顾不上关注孩子的疲惫和无助，五加二，白加黑，双休日安排得满当当：报才艺班，学习钢琴、小提琴、画画、跳舞、唱歌，让孩子尽可能地"多才多艺"；想尽一切办法让孩子在"知识和技能的海洋里遨游"，不是奥数，就是英语；不是理化，就是作文。孩子不是在各种培训班、补习班、特长班，就是在到这些班的路上。越来越多的父母绷紧了神经，生怕因自己"下手"太晚、考虑不周而拖了孩子的后腿。

书中的爸爸却绝不这样：读小学一年级之前，决不教孩子认一个字；入学的第一天，与夫人、父母订立"三不守则"：不督促孩子读书；不监督孩子写作业；不辅导孩子的功课，与儿子订立"三要法则"：当堂的功课要当堂听懂；当天的作业要当天完成；明天的课程要今天预习；儿子说要考清华大学的少年班时，父亲说："考什么少年班喽，一级一级地读上去快活得很。你二哥考少年班，是因为他在五中读书，嫌五中不好耍。你不要惦记考什么大学，觉得读书好玩，有味道就够了，考什么大学都可以，考不上大学也可以。"作者还不提倡儿子考第一名，认为"考第一名除了让他所读的学校长长脸，除了让父母吹吹牛，除了让他本人虚荣心得到满足，除了考大学，没有什么实际用处，反而对孩子有不少危害：禁锢创新思维，影响综合能力发展，损害心理健康，影响身体成长"。这样的例子，书中比比皆是。透过父亲的做法，我们看到的是作者怎样的家庭教育理念呢？一言以蔽之：静等花开，尊重孩子的天性。

如果把孩子比作一棵小树苗，想让这棵树苗茁壮成长的方法一定不是违背其自然规律去拔苗助长。树苗该什么时候发芽、开花、结果，都有一定的规律，只要把它培植在肥沃的土壤，接受足够的雨露阳光，它就一定可以枝繁叶茂。育人也要遵循规律，切忌拔苗助长！沙漠中有两棵树，一棵任由树木自己生长，另一棵则精心管理，天天浇水，定期施肥。后者长势很好，前者长得很慢又矮小，备受讥笑。可是，夏天的一场大风过后，精心养护的树被连根拔起，疏于照料的树却丝毫无损。为什么？因为不常浇水，树为了寻找生长所需的水分，就拼命把根一直向地下扎，所以大风刮不倒它们。沙漠植树的经验是否值得借鉴：要长成参天大树，就得经历自然界的风吹雨打，那些温室里培育出来的花草，往往在面对风雨时显得弱不禁风。

家长们，不被"别让孩子输在起跑线上"迷惑，把目光从"起跑线"上收回来，把眼光放远一些，把目光"瞄准"孩子的整个人生，相信每个孩子都有自己的"小宇宙"，而且"小宇宙"一定会爆发，或是少年得志，或是大器晚成。切记的是，要给孩子最好的德行，教孩子学会做人。真正支撑孩子一生有所作为的"力量"是德行，这是人生方向的问题，如果方向选择错了，不但没有赢的可能，反而会输得很惨。

《"坏"爸爸造就好孩子》就是这样一本值得广大家长好好阅读的家庭教育教材。诚如杨金砖先生推介时所说："这个历时二十多年的'教育——成长'的精彩故事的基本底蕴，反叛了当下许多教育异化现象；推崇的是人人都能理解的教育理念，实施的是人人都可作为的教育方法，造就的是人人都称赞的栋梁之材。天下父母都会受到感动和启迪，人人皆可效仿，特别对独生子女家庭的家庭教育大有裨益；对无数从事教书育人工作的教师们、校长们，乃至对于那些正在开展新教育研发工作的教授、博士，均具有促人反思、催人改革的启迪意义。"

用推摇篮的手推动世界前进①

——我推介《"坏"爸爸造就好孩子》

尊敬的各位评委、老师们、同学们：

我向大家推介的书籍是《"坏"爸爸造就好孩子》。

我们常说永州人爱永州，读永州人写的书就是爱永州的表现之一。在《永州日报》上曾全文连载的《"坏"爸爸造就好孩子》，就是我们永州本土作家郑正辉先生写作的由上海人民出版社出版的家庭教育方面的书籍，本书被上海人民出版社列为 2014 年度重点图书，在 2014 上海书展暨"书香中国"上海周的新书发布会上作者被邀请签名售书，《新民晚报》等媒体予以专题报道。本书是"教育叙事 + 长篇小说"的新文体畅销书，全书由 90 多个生活小故事串联而成，故事赢得读者的阅读信赖感；充满智慧和幽默的个性化叙述语言增添了可读性；有起有伏的叙事节奏，紧扣住读者的阅读兴趣。这是我向大家推介的原因之一。

"坏"爸爸"坏"在何处？"坏"就"坏"在他不按常理出牌：在孩子上小学之前不教孩子识字；带孩子"日行万步路"到处游玩；每天和孩子一起讲故事、编故事；带孩子下厨房、做玩具、养小动物；不让孩子上学前班；不鼓励孩子考第一名；孩子有了过错不但不批评，反而给予奖励；任由孩子放弃到师大附中就读高中的名额；任由孩子 14 岁读《性的知识》；毫无父亲的权威，跟孩子相互称呼"伙计"。然而令人意想不到的是，在他这种教育理念培育下的儿子郑方，2007 年以本可以上北大、清华的分数被西安交大录取，再考上与加州、麻省号称美国三大理工学院的佐治亚理工学院全额奖学金的博士研究生。更为

---

① 本文是作者在永州市委党校 2015 年秋季科干班学习时参加学校组织的读书推介活动的演讲稿，该演讲获第二名，二等奖。

奇特的是，作者哥哥的三个儿子，大侄儿16岁考上北大；二侄15岁考入中国科大少年班，再考上美国威斯康星全额奖学金博研；三侄考上清华。一家兄弟四人都是中外顶尖大学的博士生，这其中肯定有值得借鉴的家庭教育的秘诀，这是我向大家推荐本书的原因之二。

"坏"爸爸的"坏"给我们带来诸多家庭教育的启示，譬如家庭的民主是孩子茁壮成长的沃土。在作者的家庭，没有专制，凡事商量，到不到省城名校读书，读一中还是读三中，孩子表态算数，儿子选择三中，父母也支持，这样的民主有利于孩子成长。我曾有一个学生，第一次家长会议就是家庭会议决定父母都出席，多么民主，这个孩子也考上了西安交大。二是家长都望子成龙，都要高分数，殊不知，好分数从何而来。本书中，作者为了培养儿子的兴趣，一有空闲就带他在城里城外四处游玩，还陪他打弹子、玩词语、卖冰棒、为死鸡举行葬礼，带他下厨、养蚕、养鸟、做玩具、编故事。作者的经验告诉我们：要有好的成绩，兴趣比分数更重要！有一个这样的故事：小敏在课堂上听老师说，一条蚯蚓被挖断自动愈合会变成两条。小敏觉得太神奇了，回家挖一条蚯蚓，断为两截，放妈妈的花盆里养着，妈妈回来一看，花蔫了，盆坏了，地脏了，气儿不打一处来，一脚踢翻花盆不说，还顺手给小敏一个耳光。时任教育部部长的李岚清听说了这事，痛心地说：家长啊，你这一巴掌打掉的可能是一个"生物学家"啊！为什么这样说？学生求知的动力是兴趣和难能可贵的好奇心。兴趣和好奇心都没有了，哪来好成绩？第三，故事是儿童成长的最好养分。作者在儿子一岁半开始，就为儿子编了一个连续故事《小花狗》，一天讲一集，一集一小时，讲了6年约1900集。花这么大的精力编一个故事的目的，是将他对儿子的期望倾注在故事的主人公身上，让主人公成为儿子的偶像，对儿子进行情感态度价值观教育。事实证明，作者的预想效果完全达到了。第四，对"别让孩子输在起跑线上"有了新的认识。作者的儿子四岁之前不识字，还没有上学前班，照样考名牌大学。事实也证明，根本不必在入小学之前不按教育规律过早开发智力，那只能是揠苗助长，"别让孩子输在起跑线上"就是一个伪命题！像这样的成功的家庭教育经验书中还有很多很多。这是我推荐这本书的原因之三。

有一个老太太停留在没有车辆来往的红绿灯前，硬是等绿灯亮了才过马路，别人笑这个老太太"迂"，老人却说：说不定在马路边的窗口有一个孩子在看着呢。老人的话告诉我们一个道理：成人应是孩子的榜样，我们是在用推摇篮的手推动世界前进！医生行医有执照，司机驾车有驾照，唯独做家长是没有任何培训就可以做了。十八届五中全会全面放开二孩，在座的同学，有的又将成为新孩子的父母；即使不生二胎，我们也即将或已经步入做爷爷奶奶、外公外婆的行列，看看《"坏"爸爸造就好孩子》这本书吧，祖国的未来就在我们的手中，我们在用推摇篮的手推动世界前进！

班主任 就是要走专业化发展的道路①

班主任是班级工作的组织者，是中小学生健康成长的重要引领者，是学校沟通家长和社区的桥梁，是实施素质教育的重要力量。班主任要快速成长，就要走专业化发展的道路。什么是"专业化发展"？"专业化"是近年来十分流行的新词，如校长专业化、教师专业化等等。"专业化"就是指一个普通的职业群体在一定时期内，逐渐符合专业标准，成为专门职业并获得相应的专业地位的过程。"班主任专业化发展"，是指班主任通过专门训练和终身学习而完善教育专业知识、专业技能进而不断更新、演进专业结构（专业精神、专业知识、专业能力、专业伦理、自我专业意识等）从而成为达到班主任专业水平的专业成长的过程。

班主任专业化发展应达到怎样的标准？我国学者归纳为以下几个方面：达到国家规定的学历标准；能在学习与实践中更新观念，逐步树立以素质教育观为核心的现代教育观念；深刻理解并掌握教师的职业道德规范，负起班主任应该担负起的职责，具有崇高的人格，把职业道德规范真正变成自觉的行动；树立终身学习的观念，坚持经常性的在职进修，具有合理的知识结构，具有深厚的专业知识和专业技能，能广泛地吸纳班主任工作的最新理论，并运用到实践中；能够坚持以实践为基础，以先进的德育理论和班级管理理论为指导，对班集体的功能、运行机制等班集体建设中的诸多问题进行理论联系实际的研究，逐步成为发展教育文化的生力军；具有较强的专业能力；使自己的专业具有较强的自主性和较大的权威性；学术地位和社会地位不断提高。

---

① 本文发表于江苏省广播电视总台主办的《东方教育》2015 年 4 月下旬刊（总第 82 期），该刊被万方数据库、龙源期刊网收录。

班主任怎样才能做到"专业化发展"？

要学习，增加专业知识。"未来的文盲不是不识字的人，而是不会学习的人"。班主任作为学生的榜样，应该做一个终身学习的实践者。班主任要向书本学习，多读书，多读教育专著，进行专业化的理论学习，获得大量信息、理论或方法，不仅提高专业素质和专业道德，还要更新教育观和价值观。要向专家学习，观看阅读专家讲学视频和书籍，提高工作能力和管理水平。要向先进者学习，学校可举办班主任经验交流会、班集体建设研讨会和现场观摩会，鼓励有经验的班主任介绍工作经验，从而带动和引领青年班主任的成长。

要研究，提高专业技能。"研究态度与能力是一个人创造力的集中显现，是一个人主体性的能动体现，是人发展的基本手段。"班主任要确立"问题即课题，教育即研究，成果即成长"的理念，要立足课堂，关注学生，研究班主任在日常教育中出现的问题，通过研究来解决这些问题。做到课题问题化，活动经常化，参与个性化，把研究扎根于平时教育中出现的新情况、新问题之中。从研究的内容上看，班主任要研究教学课程，研究教学策略，更要研究学生，包括学生的兴趣、心理、个性等。班主任要积极参加教育科学研究，应善于把工作理论与日常实践结合起来，用理论指导实践，在实践中发展自己的理论知识。

要合作，提升道德水平。优秀的班主任应该是一个教育合作者。班主任是连接各种教育因素的纽带和桥梁，更应善于和学生、同事、家长沟通与协作。专业化要求班主任从"领导者"转变为"服务者"，更要学会合作。要与学生合作，与学生建立起朋友般的师生关系，用心去倾听学生的心声，做到权为生所用，情为生所系，利为生所谋。要与同事合作，同事间在工作中的互相帮助和配合是班主任取得进步的动力。要与家长合作，可以通过做家访、开家长会等方式加强与家长的沟通和交流，以增进彼此的理解，达到一致的教育目的。

要创新，发展专业自主。班主任工作之所以具有无法替代的专业意义，全赖于班主任的专业自主。专业化发展要求班主任发挥自主性，发展自己的个性和特长，使个体的潜能充分发挥。班主任要善于突破常规，有所创新。在思想上，不能满足于知识的积累，要善于"知新"，树立创新意识；在教学中，善于运用现代化教学手段创建新型课堂；在班级工作中，不盲从，依据自己班级现状，自主实施有针对性的改革，构建个性化班集体。创新是发展的生长点，学会创新，班主任专业化发展才有持续发展的动力。

要反思，不断进步成长。华东师大的叶澜教授指出："一个教师写一辈子教案不可能成为名师，如果一个教师写三年教学反思就有可能成为名师。"美国心理学家波斯纳指出："没有反思的经验是狭隘的经验，至多只能成为肤浅的知识。如果教师仅仅满足于获得经验而不对经验进行深入的思考，那么他的教学水平的发展将大受限制，甚至会有所滑坡。"波斯纳提出了一个教师成长公式："经验＋反思＝成长"。班主任，不仅要深入班级、深入学生，还要跳出班级的圈子，用理性的眼光去审视、分析自己的教育工作，反思自己的教育行为。班主任的反思是班主任以自己的班级管理活动为思考对象，对自己的思想和态度、行为和方法、教育和管理进行审视与分析的过程，是一条通过提高参与者的自我觉察水平来促进能力发展的途径。只有这样，班主任才能把班级带好，在反思中成长，在反思中成熟。

在班主任专业化发展中，反思能力是前提，专业道德是核心，专业知识是基础，专业能力是目标；实践让自己丰富，学习让自己充实，反思让自己明智，成长让自己卓越！

行走在班主任专业化发展的道路上，我们班主任洒一路汗水，踏一路坎坷，赏一路美景，留一路芬芳！行走在班主任专业化发展的道路上，我们班主任痛并快乐着，艰辛并幸福着！

爱生六题①

习近平总书记在同北京师范大学的师生代表座谈时指出："做好老师，要有仁爱之心。教育是一门'仁而爱人'的事业，爱是教育的灵魂，没有爱就没有教育。好老师应该是仁师，没有爱心的人不可能成为好老师。"师爱是阳光，它能温暖学生寒冷的心灵；师爱是清泉，它能滋润学生干枯的心田；师爱是催化剂，它能加快学生心灵的健康成长；师爱是除草剂，它能除去学生心坎的杂草。爱生，既是高尚师德的表现，也是对学生进行教育的手段和前提。老师应该怎样去爱护学生，让师爱发挥其最大的教育效益呢？笔者欲就几种爱生观念谈谈自己的几点看法。

爱生如花，悉心呵护。 苏联著名教育家苏霍姆林斯基说过："要像对待荷叶上的露珠一样，小心翼翼地保护幼小的心灵。晶莹透亮的露珠是美丽可爱的，却更是十分脆弱的，一不小心露珠滚落就会破碎，不复存在。"青少年学生，热爱生活，憧憬未来，是祖国的花朵，民族的希望，也是时代的骄子；他们有的调皮，有的乖巧，有的聪明，有的老实……这不正像那些五颜六色的花花草草吗？只要我们用心去照料，用心去浇灌，他们就一定勃发出旺盛的生命力！有一位教育家说得好："孩子是祖国的花朵，有早开的，有迟开的，哪怕是开花再晚，只要精心护理，也照样结出果实。"爱生如花，那就要慢下来，静下来，以一种静等花开的心态等待学生的成长和成熟；爱生如花，那就要将师爱的阳光洒满花圃，让每朵花儿都能享有阳光和雨露。

爱生如子，无私关爱。 父母对子女之爱，最大的特点在于"无私"。爱生如

---

① 本文发表于湖北省文化艺术界联合会主办的《速读》2015 年 8 月中旬刊，该刊为全国省级优秀期刊，万方数据库、龙源期刊网、中国核心期刊（遴选）数据库收录。

子，那就要求老师对学生付出无私的关爱，细心呵护，辛勤培育，全身心的投入。教师，对学生爱得越深沉、越真切，学生的学习积极性就越高。因此，从某种程度上说，教师爱生如子，是教育教学的巨大推动力和感染力，有助于培养学生良好品格，有助于创造活泼、生动的学习氛围，有助于学生保持良好的学习状态。教师爱生如子，才能建立起和谐的师生关系，更能增强教育的有效性和感，更能无愧于"人类灵魂的工程师"这一美誉。要真正做到爱生如子，就要走进学生的心灵。著名教育家魏书生曾经讲过："教师应具备进入学生心灵世界的本领，不是站在这个世界的对面牢骚、叹息，而应该在这心灵世界中耕耘、播种、培育、采摘，流连忘返。"

爱生如己，换位思考。怎样才能走进学生的心灵深处？我们认为，能与学生以心换心，应该是最好的捷径。教师不能把自己凌驾于学生之上，更不能满口教训口吻，要设身处地地为学生着想。把学生当作自己，我们就会理解学生的"自利性"，尊重学生成长中的个人意愿与主观能动性。教育者要善于"移情"，站在学生的立场上，设身处地地为他们着想，用他们的眼睛去看世界，用他们的心去理解世界。我们老师在做学生时，也曾是非常渴望得到老师的表扬和鼓励的，对于潜能生来说，挨批评成了家常便饭，老师们对于他们的表扬显得十分吝啬。苏霍姆林斯基就曾感叹："从我手里经过的学生成千上万，奇怪的是，留给我印象最深的并不是无可挑剔的模范生，而是别具特点、与众不同的孩子。"教育的这种反差效应告诉我们：对潜能生这样一个"与众不同"的特殊群体，教育者必须正确认识他们，研究他们，将暖融融的师爱洒向他们，用"耐心"浇灌他们，让这些迟开的"花朵"沐浴阳光雨露，健康成长。罗曼·罗兰说过："要散布阳光到别人心里，先得自己心里有阳光。"班主任的阳光就是一颗热爱学生的心，有了爱心，面对学生才会做到多赞扬、多激励，少训斥、无讥笑。有经验的班主任都有这样的体会，当学生意识到班主任是真心爱护他关心他，为他操心时，无论你是耐心帮助，还是严肃的批评甚至是必要的斥责，学生都会乐意接受，这就是所谓"亲其师、信其道"。我们要相信每朵花儿都会绽放，每朵花儿都会鲜艳，"野百合花儿也会有春天"！

爱生如友，亦师亦友。把学生当朋友，就不要处处时时"师道尊严"，不要处处时时"规训"学生，更不要处处时时"命令"。基于这一认识，我们需要秉持"教育就是合作"的理念，教师承载的是"伙伴"的功能。"合作"要求教育奉行民主管理、公平竞争。作为"合作伙伴"的教师，要通过民主协商来管理班级，要和学生建立深厚的友谊；要让学生认识自然的多样性和相互依存性，理解人与自然共生共存的天理；要教会学生正确认识自己，了解他人，树立人人平等的价值观；要教会学生懂得集体的生存价值，认识合作才能共赢的重要性。要教育学生，学会肯定别人、尊重别人、欣赏别人；学会正确的自我调节，找到自己在集体中的位置和角色。教师要以爱为杠杆，把人与人之间的相互关爱、相互帮助、相互体谅、相互支持的合作精神传递给学生，使他们"学会共处"。爱生如友，就要平等对待学生，无论他是出生于干部权贵之家或平民百姓人家，无论他是品学兼优的好学生或是令人头疼的潜能生，均应一视同仁，爱得公正，爱得让学生信服。学生体会到潜藏在教师内心深处的信任和尊重，才能建立平等、民主、互信的师生关系，教师也才能赢得学生的尊重和爱戴。我们要容忍学生犯错误，不要漠视学生的上进心，要用放大镜看学生的优点，用缩小镜看他们的缺点，不要动不动就大声呵斥、讽刺挖苦，挫伤学生的身心和人格。

爱生如人，人本关怀。很多人会有疑问，难道还会有人会把学生不当"人"看？有的。前一些年不就流行"智育不合格是次品，体育不合格是废品，德育不合格是危险品"嘛，"次品"、"废品"、"危险品"的说法，不就是把学生当作工业时代的"工业产品"来对待。这是典型的工业时代的教育产出观。爱生如人，那就要树立正确的育人观：不要把学生当作"盛装知识的容器"，也不要期望培育的人是整齐划一的"工业产品"。学生是"人"，每个人都有其自身独特的生命内涵和成长过程，我们需要秉持教育就是"生长"的理念，"生长"是一种自在自发的过程，强调的是人的自然性。为此，教育必须遵循学生的自然生长秩序，为学生发展其固有的本性提供自由的环境即可，切不可揠苗助长。爱生如人，教师应视学生为独立的、有尊严的人，尊重他们的人格和差异，因材施教，并以爱为杠杆，把人类社会生活交往的基本规范传递给学生，使他们更好地适应和融入人类生活，让他们"学会做人"！这样，我们的教育培养的人，既有受社会主义核心价值观熏陶的共性，又有自己鲜明独特的个性，这才是我们需要的"社会主义事业的建设者和接班人"。

爱生如生，回归本位。明确学生就是学生，老师就不会老是埋怨学生无知，也不会老是抱怨学生的犯错，"学生犯错上帝都会原谅""教室就是出错最多的地方"嘛！因为学生是未成年人，他的最大特质是"未完成性"和"不确定性"，教育就不会"凌节而施"。既然学生就是学生，所以老师与学生应该有一定的距离，不能与学生"打成一片"。有些教师把办公桌搬进教室，把厨房搬进学生食堂，与学生形影不离。这些教师的精神令人感动，但做法并不值得大力提倡，因为它这样做并不是十分科学的。现代社会心理学的研究成果表明，距离太近或是太远都不利于人与人之间的交往，有效的空间距离，会产生让人产生喜欢之情或提高喜爱的程度。青少年心理学也认为，青少年时期是一个相当躁动与诡秘的时期。青少年并不希望自己的一切都袒露给家长和老师，而是希望能够拥有自己的天地，能够在充足的时空里独自思索、独自生活而不受干扰。过分拉近师生间的距离，青少年的自由小天地往往会被早就是成人的教师不经意地破坏。有时候，老师无意间了解了某位学生的隐私，这位同学往往会对这位教师产生一定的抵触情绪或厌恶感，而师生距离的拉近就意味着了解学生隐私机会的增加。反过来，教师真正与学生打成一片了，教师的言行举止、文化修养就会充分暴露在学生面前。教师并非圣人、完人，他也有自己的缺点，他的言行举止、文化修养也会存在或多或少、或轻或重的小毛病。这些缺点和小毛病会因师生间距离的拉近而裸现出来。学生总是挑剔的，往往接纳不了教师的缺点和毛病，因而他们会逐渐失去对这位教师的兴趣，甚至会产生厌恶。总之，从现代心理学的成果和生活实例出发，"打成一片"并不十分科学合理，它拉近的只能是师生间的物理距离，并不一定能够拉近师生之间的心理距离。物理距离的过分靠近，往往会带来心理距离的拉大，这是我们必须正视的道理。

苏霍姆林斯基曾说过："教育技巧的全部奥秘在于如何去爱护学生。"原苏联著名教育家马卡莲柯说："没有爱便没有教育"。世纪老人冰心也说过："有了爱，便有了一切，有了爱，才有教育的先机"。师爱无言，却深沉凝重，它要用责任和精神作依托；师爱无声，却馨香远播，它需用汗水与泪水来浇灌；师爱无形，却有迹可循，它要用理论与实践作支撑。正如习近平同志在同北师大师生代表座谈时所说：教师的"教育风格可以各显身手，但爱是永恒的主题。爱心是学生打开知识之门、启迪心智的开始，爱心能够滋润浇开学生美丽的心灵之花。"

师爱的误区六题①

　　鲁迅说："教育植根于爱。"冰心老人说："有了爱，便有了一切，有了爱，才有教育的先机。"苏霍姆林斯基也说："我生活中最主要的东西是什么？我会毫不犹豫地回答：对孩子的爱。"爱学生，是教师职业道德的核心和精髓，是教师最宝贵的职业情感。但在当前，由于社会、教育及个人的原因，出现了师爱的误区：教师自以为是地、不遗余力地为学生付出了巨大的爱，而学生却感觉不到师爱，有的甚至被所谓的爱伤害。陷入误区的师爱有哪些呢？

　　一、虚假的爱。有的老师将师爱作为一种奖赏，作为"牵制"学生的一种手段，当学生表现好时，便"爱"他们；表现不好时，便不"爱"。师爱只是为了使孩子们听话，而不是发自内心的爱。又比如，上课时学生向教师问好后，有的教师只是礼节性地点点头，而不是充满真挚情感的鞠躬还礼。学生生了病也只是随便问问，以示关心，却不是真心实意地关心学生，解决学生的实际问题。有一部分教师对某些学生、特别后进生的爱，往往不是真情实感的流露，而仅仅是为了追求某种教育效果而故作高姿态的"平易近人"。在这里，师爱仅仅是一种"教育技巧"。这些爱实质上就是只保留了爱的外壳而丧失了爱的内核。苏霍姆林斯基曾说："每个孩子都是一个世界——完全特殊的，独一无二的世界。"所以，真正的师爱应是发自内心的而不是虚假的爱。

　　二、过分的爱。这种过分的爱有两种情况，一是过分宽，即偏袒、消极、无原则的爱——溺爱。一是过分严——苛爱。溺爱学生的老师，最喜欢"事无巨细，事必躬亲"，从值日到班会安排，从督查作业到与家长沟通，从同学相处到同学的爱好，他时时观察、处处过问，主动出击。结果是：班主任疲惫不堪、

---

　　① 本文发表于共青团河北省委主办的《青春岁月》2016年3月刊。该刊被中国知网收录。

满脸倦态，学生松散木讷、时刻待命。为什么如此？因为溺爱，造成了孩子的自私、任性；包办替代，消解了学生的自主意识、主动精神和自主自立的能力。学生过分地依赖教师，丧失独立思考问题、协调各种关系、处理事情的能力，对他们人格、心理的成长有百害而无一利。

苛爱，将对学生的爱转化为对学生的严格要求，用完美心态去要求尚处于成长之中的学生，学生稍有错误就严加责罚，比如有的班主任，学生写错一个字，罚抄100遍，其出发点也许是想让学生记住教训，养成良好习惯，但"过犹不及"，在严厉训斥下，学生要么麻木漠然，要么逆反叛逆；简单重复的罚抄，磨耗的是学生对学习的热情，结果导致的可能是学生的厌学，甚至弃学。学生是在不断"犯错、改错"当中成长起来的，我们不能对学生要求太苛刻，不能不允许学生犯错，关键是学生犯错之后，我们要引导学生"吃一堑长一智"，以后不再犯同样的错误。

三、强制的爱。有一位重点高中的学生对来访者说：我真不明白，中国造那么多监狱干什么，多办点我们这样的重点高中就可以了，我们这里比监狱管得还严得多；犯人还可以通信，我们这里谁敢传纸条，特别是男女同学。我们有的老师不会这么理解，他们会对学生说："师者父母心，我们这么严格要求你们是为什么呀？还不是为了你们好。"这种"为了你们好的"关爱，以爱的外衣掩盖了专制的色彩，以爱名义剥夺了学生的自由。我们常听到学生呐喊：作业最多的人是我，睡眠最少的人是我；受批评训斥最多的人是我，最痛苦的人是我是我还是我……弗洛姆说得好，教育的对立面是控制。这种用自己的价值取向替代学生的价值、以自己感知的世界强行占领学生的世界、以自己的思想和行为束缚学生的思想和行为的强制的爱导致的结果往往是：不在沉默中爆发，就在沉默中消亡。而"爆发"和"消亡"都不是我们的教育所追求的目的。

四、施舍的爱。班里有一位贫困学生，我们班主任会如何去处理？一般的班主任会在班上对这位同学的家境大肆渲染，然后要同学们为之捐款，捐班费、献爱心等也不会要这位同学交。班主任可谓关爱备至，然而往往令班主任无法想明白的是：有的贫困生拒收同学的捐款，甚而至于有的贫困生在班上根本就不说家里的困难。为什么？因为在班主任认为是帮助学生的爱中，已经深深地伤害了同学的自尊，让他心中总有一种抹不掉的自卑感！马卡连柯就这样说过："要尽量多地要求一个人，也要尽可能多地尊重一个人。"赞科夫也曾说过："当教师把一个学生看成是一个具有个人特点的、具有自己志向、自己智能和性格的人的时候，才有助于教师去热爱儿童和尊重儿童。"

五、偏心的爱。哪些学生会被老师偏爱？学习成绩好的学生、听话的学生、家庭经济条件好的学生，他们上课发言多，受表扬与鼓励多，参与教育教学活动多——他们占有较多的教育资源。但是，我们常常听到一些教师私下里发牢骚：唉，辛辛苦苦教了几年，毕业后都没良心了！事实证明：越是这些被偏爱的学生，毕业后回母校来看望老师的越少；倒是哪些常被批评的潜能学生毕业后对老师特亲。为什么？这是因为：在偏爱中成长的孩子，从小就有一种优越感和超越感，"高人一等"，既不能平视自己的伙伴，也很难平等公正地对待他人，包括老师。在这一点上，学生是没有过错的，问题是我们带给学生的是什么样的情感。在不公正公平的情感环境中成长的孩子，让他们如何感受爱的阳光，如何学会爱的传递？教师所肩负的是对一代人的教育使命，并非对个别人，师爱就要有广泛性，就是要面向全体学生。

还有一种偏爱也常常发生在我们身边。比如，我们常听有的班主任对"贴己"的家长说：我们班的某某同学，那可是个不听话"主"，你的小孩子千万莫要同这样的人在一起了，否则变坏了，快得很。这其实也是一种偏爱。它的直接危害是：班主任"言传身教"地在班级中把学生分成三六九等，制造不团结氛围。我们也会发现，只要是这么说的班主任，他的班级凝聚力绝不会很强。这样的班主任还会浑然不知：破坏班级团结的，其实就是他自己！

六、燃尽自身的爱。最传统也是最流行的观点是：教师是蜡炬，照亮了别人，燃尽了自己；甚至不仅自己，还有孩子、亲人。一说师德标兵，就是为了工作，有病不看，拖到后来成了重症；把生病的孩子留在家中，拖延治病，甚至死亡；为了学生中考，无暇照顾生病的母亲，直至临终都没有看到最后一眼。这种以自己和亲人的惨痛的代价和个人悲壮的生活状态成就学生或成就自己的奉献与成功，扭曲了师爱的内涵，很高尚，但也很可怕。真正的爱应该建立在对人的价值的弘扬、对人性的理解、对作为人的个体的尊重之上，教师给予学生的不应是以她的健康损耗、生命枯竭、生活艰辛、亲人离世为代价的"惨爱"，更不应以此为成本换取"高尚师德"耀眼的光环。说白了，教师也是人，学生成长的同时，教师也要苗壮成长！

高尔基说："爱自己的孩子，母鸡也会，关键在于教育，这需要才能和渊博的知识。"学生是需要爱的，因为没有了爱，太阳也会结冰。但那绝不是虚假的、过分的、强制的、施舍的、偏心的、燃尽自己的爱。真的师爱，应该爱中有严，严中有爱；爱而不宠，严而有格；慈严有度，慈严相济；师生是"成长共同体"，共同成长！

办好《班级周报》 记录成长历程①

特级教师管建刚老师数年如一日办《班级作文周报》提升学生的作文成绩，受其启发，我们尝试办综合性的《班级周报》，既提高学生的作文水平，又记录下学生和班级成长的足迹。

一、如何办好综合性的《班级周报》呢？

做好办刊的准备工作。办班报最好是从学生进入新学校的第一周做起；小学阶段一般要到四年级才办，低幼年级还不具备办理班报的能力。办报之始，要做好这样一些准备：①确定刊名。刊名可以直白朴实，《××学校××班班级周报》即可；也可来一点艺术性，如"小星星报""太阳花报""小浪花报""足迹"等等。②确定刊徽（最好是与班级精神、班级序号相联系）。③固定刊头。④确定办刊宗旨：沟通家校，记录成长历程；联系师生，打造成长乐园。⑤确定办刊的时间。一般是每周的星期五收稿，星期六、星期天打印、编排，下一周的星期一时印刷、下发。

版面安排。《班级周报》最好是用 A3 纸印刷，每周一期，每期四个版面，每版约 1000 个字符；一版和四版印在同一页面，沿中缝折叠后的《班级周报》可以在 A3 纸中缝处装订。

班报的一二版为《成长足迹》，内容有刊头；班级新闻，详细报道一周内班级发生的事；校园简讯，从学校网站或校园日记上摘录学校发生的新闻，用简短的一句话表述出来；本周班级情况小结；下周班级活动安排；班主任寄语；

---

① 本文发表于海南出版社主办的《教师》2015 年 11 月刊（总第 264 期）。该刊被中国知网、中国数字化期刊群、中国科技期刊数据库、龙源国际期刊网收录。

任课教师的话；班级表扬栏，表扬一周中的好人好事；班级曝光台，批评一周中班级不好的现象；班级每周一星，介绍班上的一位同学的先进事迹；说说我的老师和同学，众人聚焦班上的一位老师或同学；班级辩论台，围绕学校或班级的某一规定或现象大家参与辩论，主导班级舆论；我想说，班级师生把自己想对班级、班级同学说的话写下来，说出来；家长园地，记录家长对班级的希望、优秀家长的事迹以及家庭教育经验，等等。当然，每个学期的第一期，还要介绍班级情况，课表，任课教师情况，班纪班规，班级工作计划等；每个学期的最后一期还要对班级情况做小结；期中、期末还可以公布学生考试成绩（以表扬的形式公布学习成绩优胜者）。总之，班报的一二版既要记下班级、师生成长的点点滴滴；又要激浊扬清，主导班级舆论。

《班级周报》的三四版，我们借鉴特级教师管建刚老师数年如一日办《班级作文周报》提升学生的作文成绩的方法，办成《作文周报》。在这里，我们主要公布本周中学生的优秀习作或优秀作文的片段，也可以邀请语文老师或作文写得好的同学谈谈写作的方法和技巧，有时可以登载同步优秀作文的范文供大家借鉴。当然，有写作兴趣的同学可以在这里晒晒自己的小诗、小散文、小议论文等作品。在第四版的下部，设计学生、家长阅报意见栏，及时收集和反馈学生、家长的意见和建议；第四版的最下方，设计报尾，记录这一期班报的编辑、打印、宣传人员名单，出版的时间等内容。

人员安排。①班报指导委员会。由班主任、语文老师、其他科有办报兴趣和特长的任课教师、学生家长等组成。办报的第一个月，指导委员会要详细指导；办报走上正轨后，主要是对报样予以审定。②班报编辑组，由10余名有这方面特长和爱好的学生组成，组长和副组长各1人（语文方面有特长，且有一定的社交和组织能力），4人负责一二版的组稿和编排，4人负责三四版的组稿和编排，2人负责打字（可以邀请有此方面特长的家长参与），2人负责版面的美化工作。③班报印刷组，2~3人专门负责将已定报样送学校油印室，印刷出来后，领回班级。④班报宣传组，3~4人，负责将班报下发至本班老师和同学，并对同学和家长的阅报情况进行检查，对家长的意见进行登记，反馈给班主任；将本班班报送学校相关领导、老师传阅；将本班班报送同年级的班级和老师传阅。

二、小小班级周报，她的作用还真不小

《班级周报》可以提升学生的作文水平，正如管建刚老师所说，《作文周报》让学生学写作文，学有园地，班报就是学生练笔的园地；学有示范，班报中的范文和同学的优秀习作就是最好的范例；学有兴趣，办班报的历程就是语文实践的过程，在办报的一小步一小步的成功喜悦中，累积的是对语文学习的浓厚兴趣，"学之者不如好之者，好之者不如乐之者"，在丰富的语文实践活动中形成的对语文学科的爱好，也许将激励学生一生对语文的热爱，如此，那还有语文水平不提高的道理呢?!

《班级周报》架设了家校有效沟通的桥梁。一周一报，家长对班级、学校的事了如指掌；阅报意见，又及时将学生的家庭情况和家长意见反馈给了班主任，家校沟通，班级就更好管理了。

《班级周报》主导了班级舆论，有利于形成班级正能量。

《班级周报》积累了丰富的学生成长的资料。如果学生就读的班级都能办《班级周报》，学生家长将这些周报分学期装订，那么，学生读小学阶段（4~6年级）可以有6册，读初中有6册，读高中又6册，这18册《班级周报》记录的就是一个牙牙学语的懵懂孩童成长为青春少年的最原始的第一手资料，闲时翻看，何其温馨。班主任老师在每个学期结束时将这个学期的约20份《班级周报》装订成一册，交学校档案室保管，这些装订成册的《班级周报》就是学生在学校成长的原生态记录。试想，学生毕业二十年、三十年、四十年之后，再回母校翻阅当年的《班级周报》，那份对母校、对恩师的怀念与感激，以何语言表达?!

附：办好班报 使班级管理"立体化"①

多年的班主任工作中，我坚持每周办一期 8 开的小班报。其内容是表扬本周的好人好事，公布出勤、违纪情况，发表学生的小作品等。从多年的实践中我体会到：办好小小班报，会使四个方面——学生、家长、学校、老师受益。

让学生拥有一份班报，增强了班级管理的"透明度"。学生可以自己教育自己，提高自我管理能力，有助于形成民主、上进的班风。同时，班级成立通讯小组和编辑小组，让学生自编班报，又可以提高学生的实践能力和写作水平。

班报是联系学校教育和家庭教育的桥梁。一纸班报，让广大家长了解了全班的动态和自己子女在校表现，有利于家长针对子女的实际情况做切实的工作。因在校情况要汇报给家长，也能督促学生自觉学习、自觉守纪，增强自觉性。

学校从班报中了解各班的情况，时时把握着各班的"脉搏"，能更有针对性地开展各项教育教学工作。

科任教师阅后，能更好地因人制宜、因材施教、对症下药。班报保存了学生的基本情况，班主任期末鉴定、总结时有据可查，能落到实处；也有利于建立班级管理档案。

班报成了联系学生、家长、学校、教师的纽带，它促进了班级管理的"立体化"。

---

① 本文发表于零陵地区教育委员会（现永州市教育局）主办、零陵地区教科院（现永州市教科院）编辑出版的《教育园地》1995 年年第 4 期。

六步工作程序 插班生快速融入新班级①

接收插班生是每个学校和班主任都不能回避的话题。在学期开始，有时甚至是学期中，都会有学生转入插班。这些插班生，有的是随父母的工作异动、家庭户口迁移的正常转学，但也有不少的插班生是因为在原来的学校表现不好而"被转学"。正因为此，"插班生"成了不太受欢迎的词儿，有的班主任的态度是坚决抵制不要，有的班主任迫于学校的压力，没办法勉为其难收下了，也对插班生另眼相看，将插班生"边缘化"。为了防止上述情况的发生，我校的《学校工作规范》对班主任接收插班生规定了六个工作程序，班主任老师依步骤操作，插班同学就能快速融入新的班级集体。

一、填写《基本情况报告》，知己知彼，尽早摸清插班生情况。 学校规定，插班生由学校分配到班级后的第一项工作就是要学生自己填写一份学校统一设计的《基本情况报告》。这个《报告》的内容是：学生个人基本情况（身份信息、求学经历），家庭基本情况（父母及家庭人员的情况以及对学生的影响），在原学校的情况（学习、生活、与老师同学的交往等）。透过学生填《报告》的字迹和态度，可以看到该同学在原来的学校的品行表现的影子；学生上交后，班主任还要询问学生及家长，边问边记，丰富《基本情况报告》的内容，进一步了解学生的过去、家长对学校教育的要求，摸清学生在原学校的学习、品行等方面的情况。总之，通过《基本情况报告》，班主任做到对插班生过去的情况了如指掌，知根知底，才能进一步展开有效的教育。

二、签订《家校教育协议》，达成共识，家校联手教育孩子。 学校制订的

---

① 本文发表于山东省出版传媒股份有限公司主办的《新校园》2015 年第 7 期（总 364 期），该刊被中国知网、龙源期刊网、维普网、万方数据库收录。

《家校教育协议》，绝不是学校想推卸教育责任，而是为了在学生刚刚进入学校这个时机，明确学校与家庭在学生教育方面的各自责任，帮助插班生茁壮成长。《协议》签定后，要到学校政工处备案。《协议》对插班生规定了1个月左右的试读期，试读期满，班级和学校考察合格，才能成为学校的正式学生。为什么要签订《家校教育协议》且试读？学校是出于这样的考虑：一是对于插班学生来说，他是优秀生，签不签协议，试不试读，都无所谓，因为1个月过后他成为学校的正式学生，是不存在任何问题的；如果插班生是因为表现不好而"被转学"的，学校规定了这么一个环节，也是想给这样的学生一个适当的压力，让他在这样的压力下，利用1个月的时间有一个大的改变，因为教育专家认为，一个人改变坏习惯形成新习惯需要的时间约为21天。第二，面临当前敏感微妙形势下的家校关系，鉴订《家校教育协议》，入校之始就明确学校教育和家庭教育的责任，更利于家校合作，形成教育的合力。

三、精心挑选"同桌的你"，引导帮助，共同提高。经验表明，给插班同学安排一个好的同桌，十分重要。因为同桌是插班同学朝夕相处的人，可以时时、处处告诉他新的学校、新的班级的"规矩"，这对于插班同学尽快熟悉新学校、新班级的情况是很有帮助的。一般情况下，插班生的同桌要是班上品学兼优的学生，在学习上对插班同学有帮助，在纪律上对插班同学敢约束，还要有一定的交往能力和组织能力，最好是班主任平时的"小助手"，能及时将插班同学的情况反馈给班主任。

四、精心策划班级见面，走进班级，精彩亮相。良好的开端是成功的一半，插班生的班级见面会，对于他在这个班级里以后的学习和生活都十分关键。插班生的第一次班级见面会要热烈而又富有亲和力。班主任主持会议，并对全班同学提出要求；插班同学要精心准备，发言3分钟左右，要能把自己的基本情况、性格特点、特长爱好等介绍给新同学，也可以提一提个人到了新的班级的想法；班长代表班级致欢迎词；班上安排一位同学，最好就是插班生的同桌，推介他的情况；全班同学齐唱欢迎的歌曲；也可以与同学互赠小礼物；等等。总之，要让插班同学一进入班级，就能体会到全班同学的热情、班级的温暖，让插班同学有一种找到了"家"的感觉。

五、安排一个班级岗位，服务同学，融入集体。著名教育改革家魏书生老师的班级，人人有事做，事事有人做，我们学校的班级也要求是这样，学生对班级的事情如擦黑板、收拾讲台、种花、擦窗户、扫地、收作业等等，班主任结合学生的特长，分设不同的岗位，都实行"承包制"。插班同学要快速融入班集体，只有在为同学的服务中融入。班主任在了解插班同学特长的前提下，为插班同学设计一个小岗位。这个岗位，既能表现插班同学的特长，又能展示插班同学的才华，还要让插班同学在为班级同学的热心服务中，拉近与班上同学的距离，快速融入新的班级。

六、打造一个帮帮团队，经常督促，形成进步正能量。班主任还要为插班同学安排一个十人左右的"帮帮团"，从插班同学进入班级后，与他接触多的同学中产生。这些"帮帮团"同学，可以在学习上分工，每人负责一个学科，帮助插班同学找出原来的教学与新学校的教材的不同之处，查漏补缺，让插班同学尽快赶上新学校的教学进度；也可以对插班同学的言行多加督促，以团队的正能量，督促插班同学不懈进步。"帮帮团"也是班主任的助手，及时将插班同学的情况汇报给班主任，以便班主任随时了解插班同学的情况，更好地开展教育。

值得一提的是，"六步工作程序，让插班生快速融入新班级"，是我们《学校工作规范》的一个小小侧面。很多的学校制定的是《学校规章制度》，而我们学校制定的是《学校工作规范》，我们认为，《学校工作规范》是《学校规章制度》的升级版，工作规范让学校的各项工作真正做到了精细化、程序化、规范化。为什么呢？因为，制度说的是"做什么"，规范才能让学校师生明白"怎么做"。制度是静态的，粗线条的；工作规范才是动态的，细化了的程序化的，更有可操作性。

微课《有虫眼的苹果》引发的思考①

　　《有虫眼的苹果》是一位叫李玉平的老师制作上传互联网且网上点击率较高的微课视频。该微课说的是，有一天家长来了，气势汹汹，"老师，为什么我们家小宝又吃到有虫眼的苹果？"家长很生气，看来问题很严重。如果是你会怎么办？五位老师有不同的处理方式。老师 A 诚恳地说："对不起，对不起，我没有注意，以后注意点。"老师 B 态度坚决："不可能，绝对不可能，每个苹果都是我挑的，不可能有坏的。"老师 C 则怀疑："不可能吧？要不我问问其他孩子，调查一下？"老师 D 微笑着说："你的孩子懂得谦让，他把坏的留给自己，是个新时代的小孔融。"上述四位老师的做法都有不妥之处。为什么？老师 A 这样说，可能会为以后的工作添麻烦；老师 B 一推三不知，容易激化矛盾；老师 C 要深入调查，将有算不清的账；老师 D 说得好听，明显就有忽悠人的感觉。第五位老师 E 会怎么说呢？老师 E 说："家长您好，当孩子告诉您坏苹果的事情时，您不妨鼓励他自己跟老师讲，当他鼓起勇气找老师时，就表明他的自我保护意识在形成，同时，我们通个电话，合作鼓励孩子解决自己的问题，时间长了，再遇到任何'有虫眼的苹果'这样的问题都可以自己解决了。您说呢？家长？"老师 E 的说法，明显比前四位老师的说法高明，他着眼于孩子成长，自我权益保护，做法值得肯定，但也有风险：孩子总找我"成长"，不管大事小事；许多家长期望"合作"，期望给孩子"成长"的机会，确实是这样，E 老师也将会很忙碌。E 老师强烈地意识到自己的工作方式还要变，那就是要培养学生自己解决问题的能力。于是老师 E 召开了"坏苹果问题主题班会"，讨论遇到此类

---

　① 本文发表于四川省南充市文化艺术界联合会主办的《读与写》2015 年第 11 期，该刊被中国知网、中国学术期刊综合评价数据库、中国核心期刊（遴选）数据库、中国科学引文数据库、中国科技期刊数据库收录。

问题"好的处理行为"和"坏的处理行为"。好的处理行为：找工作人员，更换苹果；找老师，寻求帮助；找负责人，建议他领苹果时检查一下；写信建议学校把好关；削苹果时，削掉坏处。坏的处理行为则是：不吃饭，生气；将苹果扔掉，哭；找老师告状，说分苹果的人偏心；不停地找人说这事；期望家长教训老师。当学生遇到问题时先看看这一张表，自己摈弃坏的处理行为，选择好的处理行为；实在自己解决不了，再去找老师。这样，问题在解决，学生在成长，家长也满意。——这就是教育！

一则小小的微课案例，引发我们对班主任工作的深深思考。

班主任要敢于直面家长，直面问题。在我们的日常教育中，一个个类似于"有虫眼的苹果"这样的问题会随时出现。来了问题，怎么办？正确的做法是：直面问题，找出问题深层次的原因，找出解决问题的对策；而不是害怕，退缩。为什么这么说呢？因为除了上述五种说法外，还可能会有一种老师 F 会说："这苹果是学校发的，你爱吃不吃，要找就找学校去！"直接就把矛盾推到了学校。如果学校所有的班主任都这样，学校政教处就成了"消防队""灭火队"，时时有忙不完的事了。

一件事有一百样做法，班主任要择善而取。魏书生老师经常说：我们教育学生，一件事有一百样做法。处理类似"有虫眼的苹果"这样的问题，考验的就是一个老师的教育智慧。微课案例中就列了五位老师的做法：BCD 三位老师或坚决、或怀疑、或忽悠，这样的态度对解决问题有害无益——真诚的态度是老师和家长沟通的前提和基础。A 老师态度是真诚，但什么问题都往自己身上揽，会为以后的工作增添不少的麻烦，也不足取。E 老师的方法高明在什么地方呢？一是他直面问题，态度真诚，毫无推卸责任之意，真诚的态度才会赢得家长信任。二是 E 老师找到了学校教育与家庭教育的共鸣点，那就是孩子成长，自我权益的保护；出了问题，家长怪学校，学校怪家长，怪来怪去不能解决任何问题；只有找到了家校沟通的共鸣点，只有着眼于孩子的成长，解决问题才有可能。仅仅如此，还有不足，于是乎 E 老师还召开了"坏苹果问题主题班会"，此做法实在是值得大加赞赏，让孩子们自己去讨论遇到此类问题"好的处理行为"和"坏的处理行为"，让孩子在事件中自我教育，获得成长的智慧，吃一堑长一智，这样，问题在解决，学生在成长，家长也满意。

在孩子教育的问题上，家长始终应是学校最可靠的"同盟军"。学生在学校出了事，哪一个家长会不着急？我们班主任首先要体察家长望子成龙、望女成凤的迫切心情；更何况是小孩在学校里出了事儿。但是，纵使家长来势汹汹，大有兴师问罪之意，我们还是可以找到与家长沟通的共鸣点，有效的沟通还是可以达成的。这个共鸣点就是：每个家长心中都有一个心愿，那就是希望孩子在学校里能健康成长；"师者父母心"，老师的心愿其实与家长也是一致的。找到了共鸣点，从共鸣点出发来思考、解决问题，家长就会改变敌对态度，变为我们学校教育最可靠的"同盟军"！

小小微课，启示多多。"人是会思考的芦苇"，只要我们对平平常常、普普通通的教育现象多加思考，我们就会收获丰硕的教育。

04

新闻与作文教学

双牌 29 名教师"晒课"入选省级优课①

近日，湖南省"一师一优课、一课一名师"活动省级优课评选结果揭晓，双牌县 29 名教师的"晒课"被评选为省级优课。

近年来，双牌县先后投入 3500 万元推进教育信息化建设，全县中小学校全部完成"三通工程"建设，成功跻身湖南省现代教育技术实验县行列。今年，为支持鼓励全县教师利用信息化设备和资源进行备课、录课和"晒课"，积极参加全省"一师一优课、一课一名师"活动，该县一手抓硬件建设一手抓课题研究，在建设高标准录课教室的基础上，再投入 100 万元采购高清录播互动系统，为老师们提供强有力的技术支持。同时，深入推进教育信息技术应用与学科教学深度融合课题研究，做到每位教师都能熟练运用信息技术和优质数字教育资源。（通讯员　蒋笃家、凌铭）

（依湖南省教育厅 2015 年 12 月公布的"湘教通【2015】492 号"文件，双牌县被选为"省级优课"的教师是：县一中潘琳环、邓敏娟、黄继民、龚辉、何正帆、刘小芳、周李静、唐剑英，泷泊镇一小邓梅英、唐媛媛、胡丽君，泷泊镇三小刘翠娣、蒋华萍、唐小霞、刘月红、张华、卢辉，明德小学谢天花，五里牌镇中心小学廖娜、蔡桂丽，茶林镇学校唐云，理家坪小学周明珠，蔡里口小学周琳，打鼓坪乡学校杨梅楠，何家洞镇中心小学卢元清，何家洞镇中学蔡黎黎，阳明山学校盘姝君、段香香，塘底乡学校刘星，平福头乡学校胡婷，江村镇中心小学黄梦玉，江村中学李宁。）

---

① 本文发表于永州市委主办的《永州日报》（2015 年 08 月 13 日教育专栏）。本文曾在双牌教育信息网、双牌新闻网刊载，在《永州日报》发表后，又在"永州新闻网"、"永州教育信息网"刊载，继而被湖南省人民政府网的"信息公开发布平台 > 省教育厅 > 工作动态"栏目以《双牌县：教育信息化建设助力优课评选》刊载，同时被"中国教育装备网"、"慧聪教育装备网"、"行业中国"、"中国教育信息化网"、"教备网"、"光明教育网"、"湖南红网永州站频道"等网站转载。

双牌县 5 名教师 "晒课" 入选国家级优课[①]

红网永州站 1 月 5 日讯（通讯员 蒋笃家 凌铭）近日，"国家教育资源公共服务平台"发布《中央电化教育馆关于公示 2014 年度"一师一优课、一课一名师"活动部级"优课"名单的通知》，双牌县 5 名教师的"晒课"脱颖而出成功入选国家级"优课"。

近年来，双牌县大力推进教育信息化建设，先后跻身湖南省现代教育实验县和湖南省教育信息化试点县行列。2015 年以来，该县紧密依托教育信息化建设强有力的技术支撑，新建 8 个高清录（直）播互动教室，大力开展"一师一优课、一课一名师"活动。在前期的"晒课"评选中，该县 53 名教师"晒课"成功入选省级优课，29 名教师"晒课"入围教育部优课。

（这些入选部级的"优课"是：双牌县第一中学邓敏娟老师执教的人教 2001 课标版初中语文八年级上册《桃花源记》，双牌县第一中学周李静老师执教的人教 2001 课标版 2013 年第 3 版初中语文八年级上册《阿长与〈山海经〉》，五里牌镇中心小学蔡桂丽老师执教的湘少 2011 课标版三年级起点小学英语六年级下册《8. International Children's Day. Part A》，泷泊镇第三完全小学唐小霞执教的湘少 2011 课标版三年级起点三年级上册《11. I like the bird. Part A》，平福头学校胡婷老师执教的湘少 2011 课标版三年级起点五年级下册《12. Where did you go? Part A》。）

[①] 本文发表于"双牌教育信息网""双牌新闻网"和 2016 年元月 5 日《永州日报》，被"永州新闻网"、"星辰在线＞长沙新闻网"、"红网＞永州站频道"、"新华网湖南频道"、"今日头条（TouTiao.com）"、"永州教育信息网"、"湘南在线"、"长沙信息网"、"教育网"、"湖南教育网"等转载。

双牌一中获评"湖南省中小学
教师培训基地学校"①

近日，从省教育厅传来喜讯，双牌一中在湖南省省级教师培训基地校遴选工作中脱颖而出，被确定为"湖南省中小学教师培训基地学校"，将承担语文、数学、英语、物理、化学、生物、思品、历史、地理和音乐、美术、信息技术等12个学科的初中教师省级培训任务。

据了解，我市获此殊荣的初中学校仅5所，承担的培训科目仅2-5科。作为省级教师培训基地校，双牌一中将在今后承担起项目实施、培训实践、观摩考察、训后跟踪指导、培训研究等任务，并充分发挥示范引领作用。（蒋笃家、袁耀生、凌铭）

---

① 本文发表于2014年5月22日《永州日报》，后被"永州新闻网"、"永州教育信息网"、"光明教育网"、"中国教育在线"等转载。

"国培计划"培训项目落户双牌一中[①]

8月13日,从省电化教育馆传来喜讯,双牌一中在"2014年湖南省'国培计划'——中小学教师信息技术应用能力提升工程项目"招标评审中成功中标,承接初中语文学科培训任务。

"国培计划"是"中小学教师国家级培训计划"的简称,由教育部、财政部于2010年开始全面实施,是提高中小学教师特别是农村教师队伍整体素质的重要举措。这次"国培计划"项目招标评审共42项,计划培训5502人,竞标十分激烈,中标者多为大专院校和专业的培训机构,全省200多所基地学校仅双牌一中等19所学校通过专家评审。

届时来自全省三湘四水的120名初中语文骨干教师将来到双牌一中参加为期7天的现场培训,省内外著名专家到校授课,该校语文学科骨干教师也将现场展示精彩的教学案例,这将有利于推进该县初中语文课改水平的提升。(通讯员蒋笃家、袁耀生、凌铭)

---

① 本文发表于2014年8月26日《永州日报》,后被"永州新闻网"、"永州教育信息网"、"光明教育网"、"法治湖南网"等转载。

双牌一中新德育课题实验结出累累硕果①

　　双牌一中根据学生来自县城及周边乡镇，素质参差不齐，特别是乡镇学生行为习惯较差的现状，学校自 2009 年上期起开始实施新德育课题实验，使这所古老的学校焕发了新的青春和活力！

　　孔子说："少成若天性，习惯成自然。"巴金也说："孩子成功教育从好习惯培养开始。"著名教育家叶圣陶先生也曾说过："什么是教育？简单一句话，就是要养成习惯。"双牌一中新德育课题实验就是以党的教育方针为指南，集养成教育、成功教育、自我教育、赏识教育于一体的良好习惯的培养教育，学校从学生行为习惯训练入手，全面提高学生的"知、情、意、行"，全面提高学生的思想道德素质，形成良好的行为习惯。

　　双牌一中紧扣培育厚德人、勤学人、健康人、文明人、创新人、幸福人的学校育人目标，组织专业教师、骨干教师自编《新德育》养成教育读本暨励志自修日记校本教材六本，内容分别为厚德篇、勤学篇、健康篇、文明篇、创新篇、幸福篇，学生每期一本，既对学生进行相关的育人目标教育，又要求学生每天写出励志自修日记，小结当日德智体情况。学生参照《双牌一中行为习惯养成教育评分细则》，每天对自己的德智体情况作自我评价，从而自我管理、自我监控。为加强评价监管，通学生由家长监督并签名，寄宿学生由班主任监督并签名。每月评价为满分者，学校在校刊《潇湘星苑》上公布表扬，且赠一本学校专门印刷的有表奖名单的《奖励本》；全期均为满分者，学校在《学校工作年鉴》上公布表扬，以永久纪念。

---

　　① 本文发表于永州市文广新局主办、2012 年 6 月 7 日出版的《永州新报》，（第 23 期，总第 1017 期）。

　　为落实新德育课题实验，学校结合实际，实施"五线管理模式"：每天四名行政领导值日制、教师全天候值日制、学生会干部值日制、专职管理教师值日制、课堂学习情况教师评价制。依据学校德育工作管理实施细则，分工负责，层层落实。当天检查汇总，次日上午公布；定期或不定期进行环境卫生、教室卫生、宿舍内部摆设、仪容仪表等专项检查，检查结果作为班级考核和星级班级评比及学生行为习惯养成教育评分的重要依据。

　　学校建立家校反馈制，促进学生校内外均养成良好习惯。学校构建了"三沟通"管理模式：班主任电话督查、教师家访、家长校访，及时反馈学生在家、在校的养成教育情况。通过情况分析，切实纠正学生的不良习惯，规范学生校内外一个样，增强学生的自理意识。

　　桃李芳菲满园春，双牌一中新德育教育实验的实施，促进了学校特色发展，提升了学校德育工作质量，取得了理想的效果。学生在实践活动中不断纠正不良行为，逐步养成良好的行为习惯，形成了积极、主动、乐观、向上等优良道德品质，95%以上的学生达到中学生日常行为规范要求，学校校纪校风校貌焕然一新，学生文明礼貌的程度及思想道德素质有了很大提高，受到了社会的广泛赞誉和各级领导的好评。近年来，该校先后被评为县市级文明单位；连年被评为县综合治理先进单位、县安全生产先进单位；连年被评为县教学质量一等奖；《新德育》养成教育课题研究荣获双牌县科学技术进步奖三等奖；2011年学校被评为"湖南省安全文明校园"。（通讯员：蒋笃家、蒋玉华、周凌志）

双牌一中扎实推进新课程改革①

"我们喜欢这样的课堂。"一位名叫蒋东平的同学在日记中这样写道，"上课时老师总是面带微笑，我们倍感亲切。老师常把自己置身于课外，引导我们融入学习中去，倡导我们自主学习，合作探究问题。以前的课堂一直被所谓的尖子生、优等生占据，现在，我们一般的同学竟然也可以在课堂上自由表达、精彩展示，我们不再是优等生们的附属品。"这位名叫蒋东平的同学是双牌一中七年级 269 班学生，他所写的课堂就是双牌一中扎实推进新课程改革后课堂教学的缩影。近年来，双牌一中从培训教师、创新课堂模式、编印校本教材、广泛开展课改活动等方面入手，扎实推进新课程改革，取得了显著的成绩。

百年大计，教育为本；教育大计，教师为本。教师是实施新课程改革成败的关键，教师的观念是否转变对新课程改革的成败具有举足轻重的作用。为此，双牌一中采取"走出去、引进来、用起来"的办法，内引外联，学习借鉴，多方面对教师培训，为教师进入新课程改革做好足够的思想和理论准备。为切实转教师的教学理念，双牌一中近年共选送 30 余位教师参加国家级和省级骨干教师培训，这些参加国家级和省级骨干教师培训的教师回校后指导本组其他教师，他们就成了学校实施新课程改革的带头人。学校还组织行政领导、学科教研组长、备课组长、学科骨干教师分别到岳阳许市中学、邵阳隆回、市内课改名校等校参观学习 250 余人次，现场感受，为学习和借鉴提供范本。学校狠抓校本培训，多次组织全体教师学习新课程改革教学理念，观看了山东杜郎口等全国新课改名校教学视频；编辑校本培训教材《实施有效教学，打造高效课堂》，向

---

① 本文发表于永州市文广新局主办、2012 年 6 月 14 日出版的《永州新报》，（第 24 期，总第 1018 期）。

老师们介绍有效教学、高效课堂、导学案等知识；夯实学科组教研活动，每周安排半天全学科组教师无课时间，专门进行教研活动，每期开展听课、议课、探讨教材教法、观看优质课视频等教研活动 36 课时以上；要求备课组周周有活动，讨论教学进度、教学方法、导学案使用等。观念一变，动力无限。扎实的新课程改革理念培训，充分调动了广大教师实施新课程改革的积极性，绝大多数老师变"要我改"为"我要改"，自觉参与到新课程改革之中。

新课程改革的关键在课堂教学，新课程改革就是通过改变课堂教学模式，打造高效课堂，提高教学质量。双牌一中根据本校学生的实际情况，在具体的课改实践中，逐步探索出"先学后教，当堂训练"六步课堂教学模式，即预习自学，揭示目标；示范讲解，教师导学；布置任务，自主学习；展示拓展，合作探究；师生总评，巩固提升；当堂检测，反思总结。"先学后教，当堂训练"六步教学模式突出了学生，完全改变了传统教学中的老师讲学生听的局面，学生是学习的主体，在老师的指导下，学生进行自主学习、小组讨论、上台发言、交流体会；突出了学习，课前学习准备，上课时小组讨论、质疑、探究，处处突出学生的学习，让学生学会学习；突出了合作，全班分成若干学习小组，每小组 4-6 人，无论是课前准备还是上课时的学习，每位学生都必须在小组内充分发挥其应有的作用，通过小组评价打分对小组进行考核；突出了探究，课堂强调让学生自己主动学习，让每个学生探究质疑，让学生的思维进行碰撞，让智慧之火熊熊燃烧，让学生的潜能得到发挥与拓展。"先学后教，当堂训练"六步教学模式，将学生推到了前台，学生是主角，教师是导演；学生展示，教师帮学；学生愿学乐学，真正达到高效课堂的目的。

为将教材内容转化为学生学习的材料，双牌一中举全校之力，历时两月，编辑了涵盖初中三个年级各科内容的《高效课堂·导学案》44 本。《高效课堂·导学案》紧扣"先学后教，当堂训练"六步教学模式，对教材内容进行梳理，简单易学的知识安排在预习环节，学生课前完成；难学内容，课中小组展示，师生探讨；学习内容当堂检测，当堂巩固。《高效课堂·导学案》让教师的教有规范，学生的学有依据，大大提高了教学效率。七年级历史备课组还尝试将《导学案》改编为《学问讲练案》，学生课前自学，掌握课文中不需教师讲就懂的知识，带着问题入课堂；课中师生就问题互相讨论探究；针对疑难问题，老师讲深讲透；再当堂训练。《学问讲练案》的编写为《高效课堂·导学案》

的改进提出了新的方向。学校组织编写了小学升初中的《英语搭桥教材》，有效衔接小学与初中的英语教学。学校编写《读古代经典导读读本》，让学生读古代诗词、古代蒙书、古典经传、古代小说，在读古代经典中熔铸人文精神。

双牌一中广泛开展校本教研促新课程改革。学校组建了数学、物理、化学、生物等课外活动小组和文学社，举行英语口语测和语文素养测试，开展"到民间采风去"课外社会实践活动和"永州文化考察之旅"活动，兴办少年团校等等。学校积极开展阳光体育活动，本着"每天锻炼一小时，健康工作四十年，幸福生活一辈子"的阳光体育活动要求，学校每天安排一小时阳光体育活动时间，排入课表，给每个班级开设了羽毛球组、乒乓球组、呼啦圈组、舞蹈组、毽子组、武术组，极大地激发了学生的运动兴趣。

璀璨新课程改革花，结出丰硕教学质量果。近年来，双牌一中学校教育教学水平稳步提升，连年获得了县教学质量一等奖。学生参加市演讲比赛获一等奖。教师在省市各级课堂教学竞赛中获市级一二等奖 20 余人次，获省级一二等奖 10 余次。教师论文在省市级竞赛中获省市奖 300 余人次。学生作文竞赛获市级奖励 30 人，省级奖励 12 人，国家级奖励 5 人。学生参加数学奥赛、应用物理知识竞赛、化学知识竞赛及生物竞赛获市级奖励 50 余人，国家、省级奖励 30 余人。（通讯员：蒋笃家、何庭云、龚晖）

芝兰之室暗香溢——双牌一中校园文化建设掠影①

　　"只有优秀的校园文化才能孕育出优秀的学校教育。"近年来，双牌一中从学校的实际情况出发，以建设优良的校风教风学风为核心，以优化美化校园文化环境为重点，以丰富多彩健康向上的校园文化活动为载体，建设具有一中特色的校园文化，不断提高学校文化品位，陶冶学生情操，滋养学生心灵，提高学生人文素养，为学生的可持续发展打下坚实的基础。经过近几年的不懈努力，双牌一中校园文化建设从无到有、从少到多、从粗到精，文化品位大提升，育人环境大优化，在校园文化建设方面做出了骄人的成绩。

　　环境，滋养师生心灵。双牌一中精心打造校园环境绿化、美化、知识化工程，努力使校园环境能对学生产生"如入芝兰之室，久而自芳"的陶冶功效。学校秉着"让每一块墙壁都会说话，让每一棵花草都能传情，让每一幅图画都能会意"的环境育人理念，近几年先后投入 200 多万元，修建彩钢瓦小礼堂方便年级组学生集会，修建无雨通道让学生从寝室到教室不日晒雨淋，修建有 12 级大看台的中心操场方便组织大型活动，修建车棚方便师生的有序摆放车辆，修建了文化长廊宣传学校各项工作，修建四十余米的阅报栏方便师生阅读。见缝插绿，绿草成茵，绿树成行，校园处处散发着春天的芳香。在教室内外及走廊张贴名人画像名言警句，真正做到了让每一面墙壁都发挥教育作用，学生在赏心悦目的环境中陶冶了身心，拓展了视野，形成了良好的品德和行为习惯。

　　制度，规范师生品行。制度文化是学校校训、校规、奖惩等校园内一切制度形态的总和。"没有规矩，不成方圆"，校园制度是维系学校正常秩序的保障

---

① 本文发表于永州市文广新局主办的《永州新报》（2012 年 7 月 5 日出版，第 27 期，总第 1021 期）；本文还发表于省级报刊《当代商报》（2013 年元月 16 日出版）。

机制，是校园文化建设的保障系统，只有建立起完整的规章制度，才能保证校园各方面工作和活动的开展与落实。双牌一中坚持以人为本，用制度塑造人，用机制发展人，用情感凝聚人，使制度化为精神力量，构建和谐校园。学校进一步加强了教代会、民主议事、校务公开、财务公开等制度的建设，进一步完善教师队伍管理的各项规章制度，强化广大教职工的人格意识和社会责任感等道德要求，制定了包含民主精神、科学精神、主人翁精神、服务精神、创新精神和实践精神的《各项规章制度汇编》，收录了行政、党务、教学、政教、后勤、工会、办公室、团委等各块制度达91项，学校工作迈上了规范化的轨道。

校刊，放飞师生梦想。双牌一中 2009 年 9 月创办校刊《潇湘星苑》，每月一期，开设校长寄语、校园新闻、校园教研、校园美文、校园记忆等丰富多彩的栏目。校园新闻登载学校工作的成绩和要事，让学校走向社会，让社会了解学校；校园教研、校园美文是教师、家长、学生交流心得、展示自我的最佳舞台；校园记忆则是记下优秀师生事迹的永久载体。三年来，《潇湘星苑》发表师生作品 800 余篇，不断谱写教育教学工作的新篇章。很多同学把拥有自己作品的校刊珍藏起来，作为自己初中时代最美好的回忆；省市许多领导阅读浏览该校刊后，称赞不已：一所初级中学能办出这样一份高质量的刊物，难能可贵！学校还成立潇湘校园文学社、小记者站，组织学生参加永州文化考察活动和"到民间采风"去社会实践活动，让孩子主动观察身边的事，勤动笔，歌颂美好的生活，既培养写作能力和创新意识，还让同学们展示自我，美化心灵。

活动，打造师生乐园。学校常规的活动有：抗震救灾知识普及和紧急疏散演练、禁毒教育、感恩教育、少年志愿活动、做一个文明的中学生等主题活动，既进行了思想品德教育，又丰富校园文化生活。每年一次的校园文化艺术节、田径运动会、校园主持人大赛、科技创新大赛、播音员选拔赛、广播体操比赛等活动，为学生提供表现的舞台，让学生展现自己的个性特长。学校优化校园音响广播系统，校团委负责成立"菁菁校园广播室"，设立了多个栏目：有关注校园动态、挖掘新闻线索的校园风景线；有展示文采、佳作共赏的文学星空；有心得体会、经验介绍的学习园地；还有经典诵读、生活小百科、时事直通车、文明礼仪伴我行等等。班级充分利用图书角、黑板报和学校网站等载体，营造浓厚的书香校园氛围。

播撒甘露绿成荫，胸怀日月照天地。经过近几年的硬件建设和软件提升，双牌一中校园文化建设形成了有特色的活动载体，构建了健全的管理网络，收到了显著的教化效果。"路漫漫其修远兮，吾将上下而求索"，双牌一中人不断探索实践，为提高学生的人文素养，办有灵魂的教育，育高品位的学生，用自己踏实而坚定的步伐，向永州市文化强校迈进！（通讯员：蒋笃家、夏志东、邓蔚翔、廖特明）

也说新材料作文①

一、何为新材料作文？

新材料作文这种提法主要是针对 2006 年高考全国卷的甲卷和乙卷的作文题目提出来的，全国卷的作文题目自 1999 年以来一直都是话题作文，2006 年出了材料作文。但是，2006 年高考全国卷的材料作文题又不同于 20 世纪八九十年代的限定文体、要求全面把握材料、写作时不能抛开材料、行文中必须引用材料的材料作文，所以人们就把这样的材料作文称为新材料作文。新材料作文，也叫题意作文、命意作文、后话题作文，作文提供材料或图画，但不提供话题，要求考生阅读材料或图画，根据自己对材料或图画的感悟、理解，自定立意、自选文体、自拟标题进行作文。

二、新、旧材料作文的区别

这个区别主要表现在三个方面，一是命题表述不同。旧材料作文的命题表述一般是：请自选角度，自拟题目，联系实际，写一篇不少于 800 字的议论文。新材料作文的命题表述则是：以上文字可以让人产生不同的联想或感悟，请根据材料，自选角度，自定文体，自定立意，自拟题目，写一篇不少于 800 字的文章；要求全面理解材料，但可以选择一个侧面、一个角度构思作文；自主确定立意，确定文体，确定标题，不要脱离材料的含意作文，不要套作，不得抄袭。二是文体要求不同。旧材料作文一般只要求写成议论文，新材料作文则要

---

① 本文发表于山西出版传媒集团有限责任公司主办《新课程》2015 年 12 月刊，被万方、知网、维普收录。

求"自主确立文体（一般诗歌除外）"。三是作文立意和材料的处理要求不同。旧材料作文的立意要求必须是在对材料进行整体感知与全面观照的基础上准确、全面地立意，写作时必须引述材料，否则视为离题。新材料作文的立意，立足于材料的整体含意或局部含意即可，以不脱离材料的含意为底线，写作时可以引述材料，也可不引。

由此可见，新材料作文与旧材料作文比较，提供的材料更广阔，更便于考生多角度立意，给学生考场写作留下更大的发挥空间。从本质上讲，它还是材料作文，但是，它继承了旧材料作文的一些优点，又弥补了旧材料作文的缺陷。新材料作文，可以说是吸收了传统意义上材料作文和话题作文的长处，是一种全新的作文形式。

三、新材料作文与话题作文、命题作文的区别

与话题作文比较，新材料作文不直接提供话题，其话题就是考生对材料的感悟或联想。话题作文命题的基本格式为：材料语＋话题语＋要求语，新材料作文命题的基本格式为：材料语＋要求语。有无"话题语"是话题作文命题和新材料作文命题的根本区别。

与命题作文的比较，命题作文内容贫乏，缺乏具体性；形式呆板，缺乏启发性；考察方法单一，缺乏灵活性，所以考生会感到难度大。新材料作文与其相反，内容上可将一些社会现象完整地传达给学生；形式灵活多样，故而能激发兴趣、启发灵感、激活思维；方法方面，材料作文让每个学生都能有所心得，只是深浅不同罢了，因此，新材料作文更容易激发考生的写作兴趣。

四、新材料作文命题的优势、期望

在全国、各省市的高考作文试题（每年约18套）中，新材料作文2006年仅3道，2007年增至5道，2008年8道，2009年8道，2010年11道，2011年9道，2012年16道，2013年17道，2014年18道，2015年14道，可见新材料作文变为出题者的主要选择，在高考中具有举足轻重的地位。

为什么全国、各省市的高考作文命题纷纷采用新材料作文？这与新材料作文的优势分不开的。新材料作文吸收了旧材料作文和话题作文的长处，它给定材料，但不给定话题，要求既不像材料作文那样"过死"，也不像话题作文那样

"过宽"，它既继承了旧材料作文的一些优点，又弥补了旧材料作文的缺陷。旧材料作文限定文体，新材料作文文体不限，有利于学生依自己的特长来写作，议论文可以，记叙文可以，小说散文也可以。旧材料作文总有最佳立意，新材料作文则强调可有多个立意，就不存在什么最佳立意了，只要立意与材料有关就成。新材料作文的材料的功能主要就是为考生规定范围、提示思维方向，考生的审题、立意、行文以此为依据来进行，而不能信马由缰，这样考生就很难猜题押题，从而避免了话题作文过"宽"的弊端；提供的材料更为广阔，便于考生多角度立意，也留给考生更大的发挥空间；命题能够给考生提供一定的条件性与情景性，而又不会失之宽泛，在具有特定环境规定下的考生作文水平，在考查学生作文水平方面具有独特的优势。另外，增加了考生审视材料与拟定标题的环节，将阅读与写作有机结合起来了，有利于强化考生的审题意识，培养他们提炼主题的能力。

然而，纵观近年的高考新材料作文题，也还有一些不足，比如有的内容过深，有的内容过于玄乎，有的材料本身就有争议，有的内容导向不够积极、阳光。让高考新材料作文的导向更加积极真实，更能反映时代生活，更加密切贴近学生实际，我们共同关注期待着！

参考文献：

余闻. 我们需要什么样的高考作文题［J］. 《光明日报》2013 年 06 月 14 日 02 版.

新材料作文审题立意"三步三读法"①

　　新材料作文，也叫后话题作文、命意作文或题意作文，指的是 2006 年全国卷率先推出的只给出材料、不规定话题、不限文体，要求"全面理解材料"，"可以选择一个侧面、一个角度构思"，但"不要脱离材料内容及其含义"的作文。它不同于以往根据材料写议论文的材料作文，也不同于有明确话题的话题作文，是介于材料作文和话题作文之间的一种新的作文形式。"千古文章意为高"，明代哲学家、思想家王夫之也说"意犹帅也，无帅之兵，谓之乌合"，这些都说明了要写好新材料作文，首先要审题立意；对于写好一篇考场作文来说，审题立意更是十分重要。新材料作文如何审题立意呢？笔者欲结合 2006 年全国高考卷作文题向大家推介新材料作文审题立意的"三步三读法"。

　　2006 年全国高考卷作文题是这样的：阅读下面的文字，根据要求写一篇不少于 800 字的文章。一只老鹰从鹫峰顶上俯冲下来，将一只小羊抓走了。一只乌鸦看见了，非常羡慕，心想：要是我也有这样的本领该多好啊！于是乌鸦模仿老鹰的俯冲姿势拼命练习。一天，乌鸦觉得自己练得很棒了，便哇哇地从树上猛冲下来，扑到一只山羊的背上，想抓住山羊往上飞，可是它的身子太轻，爪子又被羊毛缠住，无论怎样拍打翅膀也飞不起来。结果被牧羊人抓住了。牧羊人的孩子见了，问这是一只什么鸟，牧羊人说："这是一只忘记自己叫什么的鸟。"孩子摸着乌鸦的羽毛说："它也很可爱啊！"作文的写作要求：全面理解材料，但可以选择一个侧面、一个角度构思作文；自主确定立意，确定文体，确定标题；不要脱离材料的含意作文，不要套作，不得抄袭。

---

　　① 本文发表于中华教育艺术研究会领办、中国文章学研究会导读导写研究中心会刊《作文成功之路》2016 年 1 期。该刊被中国知网、维普网、龙源期刊网、万方数据、教育阅读网、博看网等全文收录。

　　对这则材料，我们可以这样来审题立意。

　　第一步，初读，理清材料中的人物、事件与结果。这则材料中的人物有五个，那就是老鹰、乌鸦、牧羊人、他的孩子、羊（小羊、山羊）。他们做了什么事情、结果怎样呢？老鹰，从鹫峰顶上俯冲下来，将一只小羊抓走了。乌鸦非常羡慕，于是模仿老鹰的俯冲姿势，觉得练得差不多了，便从树上猛冲下来抓山羊，身子太轻，爪子又被羊毛缠住，飞不起来，被牧羊人抓住了。牧羊人说："这是一只忘记自己叫什么的鸟。"他的孩子摸着乌鸦的羽毛说："它也很可爱啊！"羊呢，在文中只是被抓的对象：小羊被老鹰抓，乌鸦想抓山羊。值得注意的是，在理清材料中的人物、事件与结果时，对文中出现的人物的勾画一定要全，凡是材料中出现过的人物都要列出，只有这样，才能多角度的、更深刻地把握材料；再者，对材料中的人物、事件与结果的罗列，一定要在文中逐项划出，最好是在草稿纸上逐一罗列，为下一步的立意做好准备。

　　第二步，细读，对照人物、事件与结果罗列立意点。罗列立意点时，我们最好是从主要人物到次要人物。上面的例题中，主要人物是乌鸦、牧羊人、他的孩子。我们从"乌鸦模仿老鹰抓山羊，却因身子太轻，爪子又被羊毛缠住，结果被牧羊人抓住"这个角度，可以确立的立意点是：①看到别人的长处就想学习，而且锲而不舍地学习，乌鸦的精神值得肯定，②不顾自己的特点，盲目模仿别人，必然失败。从"牧羊人说'这是一只忘记自己叫什么的鸟'"这个角度，可以确立的立意点是：①人贵有自知之明，②盲目模仿要不得，③不要一味好高骛远，④聪明反被聪明误。从"牧羊人的孩子摸着乌鸦的羽毛说'它也很可爱啊'"这个角度，可以确立的立意点是：①向强者学习理应得到鼓励，②"东施效颦"未尝不可，③就是要有这样一种拼命追求的精神，④模仿，是创新的基础。当然，我们的文章还可从以材料的次要人物入手进行立意，并且这样做有时还会产生许多新的思想火花。在这一则材料中，次要人物"老鹰"和"羊"纯粹是参照物，从它们的角度不好确定什么立意点。这种情况也是经常碰到的，在此就另当别论了。

　　第三步，品读，确定文章写作的最佳立意点。经过了第二步的细读，我们对照人物、事件与结果会列举出好些个甚至十几个立意点，我们一篇文章中不可能把这些立意点全部写进去，如果全部写进去的话，作文反而会因为主题太多而变成"无主题变奏"。所以，细读，对照人物、事件与结果罗列立意点，是发散思维，是我们写作时打开思路的过程；而写作时，我们又要聚合思维，在众多的立意中选择一个进行写作，这样我们的作文才是"全面理解材料"，又是"从一个侧面、一个角度构思作文"。确定文章写作的最佳立意，应遵守以下几个原则：要正确，要体现正确的立场、观点，要宣扬健康、美好的事物，要批判消极的事物；要新颖，做到"人无我有，人有我优""想人所未想，发人所未发"，如果主题不新，大家都雷同，就难以写出好文章；要深刻，对文章蕴含的意义的开掘、揭示有深度，能化腐朽为神奇，变平凡为伟大，给人留下深刻的印象。最重要的一点，那就是一定要写自己最熟悉的生活，用自己最擅长的表达方式。学生的生活面本来就比较的窄，脱离了生活实际，文章必然写不好；接近生活实际，才能真正有话可说。依照上面这些原则，我们就可以确定文章的最佳立意，然后动笔写作了。

有人对近年高考题作文（每年约 18 套）做了统计，新材料作文 2011 年 9 道，2012 年 16 道，2013 年 17 道，2014 年 18 道，2015 年 14 道，足见新材料作文在高考作文中举足轻重的地位。巧妙运用好审题立意的"三步三读法"，有助于我们在审题立意环节稳操左卷，迈好写作的第一步！

《薛谭学讴》之秦青　对当代教育人的诸多启示①

　　有一则《薛谭学讴》的故事，说的是："薛谭学讴于秦青，未穷青之技，自谓尽之，遂辞归。秦青弗止，饯于郊衢，抚节悲歌，声振林木，响遏行云。薛谭乃谢求反，终身不敢言归。"秦青，这位两千五百年以前出现的"职业声乐教师"，作为古代文学作品中不多见的最早的教育工作者形象之一，他给我们当代教育人诸多的启发。

　　像"未穷青之技，自谓尽之，遂辞归"的薛谭这样的学生，我们的教育生涯中，碰到的不可谓不多：刚刚学到一点点知识，就认为自己了不起，骄傲起来，自满起来，自大起来，不把同学放在眼里，甚而至于不把老师放在眼里，就要拜别师尊，自立门户。对这样的学生，我们教育人如何处理？秦青的办法是"弗止，饯于郊衢"。为什么"弗止"？因为像薛谭这样的处于"青春叛逆期"学生，你要当面制止他，他觉得丢了面子，一定会没理也要硬有理，与老师对着干到底，在错误的道路上一直走下去，永不回头，就再也没有教育的契机；相反，在学生迷途徘徊时，老师以退为进，先让一让，给学生留足"面子"，给自己留下回旋的余地，这样，也许可以创造教育的契机。从这一点看，秦青一点也不逊于我们这些学过教育心理学的当代教育人。不仅如此，秦青还"饯于郊衢"，在郊外大道上设宴饯别，"动之以情"。"饯于郊衢"，一下子就拉近了学生的心理距离。做学生的思想工作方法很多，秦青告诉我们的是，要使你的思想工作取得良好的效果，要抓住恰当的时机，要创设心理相容的情感环境，还要有强烈的情感共鸣。

---

　　① 本文发表于河北省阅读传媒有限公司主办的《少年素质教育报》（教育艺术周刊）2015 年第 28 期（7 月 12 日出版，总第 455 期），被中国知网收录。

秦青是怎样做薛谭的思想工作的？他没有说什么大道理，他只是"抚节悲歌，声振林木，响遏行云"。"抚节悲歌"，让薛谭体察到老师对自己的一片关爱之情；"声振林木，响遏行云"，让薛谭自己体察老师的高超技艺。我们常说，打铁还要自身硬，身教重于言教，老师的卓越学识是最靓丽的名片，正因此，我们还说：优师，学生品味一生；庸师，学生批评一生。有老师无微不至的关爱，在音乐造诣上又有如此巨大的发展空间，薛谭还有什么理由不留下来？"薛谭乃谢求反，终身不敢言归"，那就是顺理成章的事儿了。

《薛谭学讴》的故事选自《列子·汤问》，《列子》里面的先秦寓言故事和神话传说中不乏有教益的作品，我们今天学习它，还是受益匪浅。

何必"终身不敢言归"?①

《列子·汤问》中有一则《薛谭学讴》的故事,说的是"薛谭向秦青学习唱歌,还没有学完秦青的技艺,就以为学尽了,于是就告辞回家。秦青没有劝阻他,在城外大道旁给他饯行,秦青打着节拍,高唱悲歌,歌声振动了林木,那音响止住了行云。薛谭于是向秦青道歉,要求回来继续学习。从此以后,他一辈子也不敢再说要回家。"

掩卷细品,我们悟出道理多多:薛谭学讴,"还没有学完秦青的技艺"就"告辞回家",意识到自己远未学到老师的本事而"于是向秦青道歉,要求回来继续学习",说明学习要虚心、持之以恒,不能骄傲自满、半途而废,还要知错能改;秦青这位两千五百年前的"声乐专业教师",面对学生的自以为是,并未发怒,也"没有劝阻他",而是晓之以理,动之以情,"在城外大道旁给他饯行",且"打着节拍,高唱悲歌,歌声振动了林木,那音响止住了行云",我们悟到的是,教育要讲究方法,打铁还要自身硬,身教重于言教。薛谭结局如何,我们不得而知,但不管怎样,薛谭最终却"一辈子也不敢再说要回家"——"终身不敢言归",这个做法,实在是不敢恭维,值得商榷。

薛谭为什么"终生不敢言归"?我们猜想可能是这样两种情况:一是终生都没有学完秦青的技艺;二是后来虽说已学完,但由于有"前科",便不敢再提归家之事。如果是第一种情况而不敢言归,薛谭就要好好反省了:既然已经知道了自己与老师之间的差距,为什么还不暗暗下劲儿,刻苦钻研,潜心学艺,直至学完秦青的技艺?!如果是第二种情况而不敢言归,那就更应好好反思了:堂堂七尺男儿,应拿得起,放得下;错误改正了,技艺学好了,就应该有再提

---

① 本文发表于《作文评点报》2016年1月版。

"归家"的气魄和勇气。要知道，不归，只向一人请教，终身以一人为师，学不到更多的学习方法，没有机会更好地提高，学的再好，最多不过是"秦青第二"。歌唱技艺的精进，靠的是自己多实践、多锻炼，才会有自己的创建和发展；靠的是博采众长，汲取众人的优点；靠的是更多的接触社会，了解社会，从社会实践中认识到自己的不足、缺陷，并及时的改正、提高。"归家"，意味着要去开创一条属于自己的演艺道路，"言归"之后，另拜名师，博采众长，在众师之上，自成一家，形成有自己特色、风格的另一个名师，这样才能成为真正与秦青齐名甚而超越秦青的歌唱家。如果"终身不敢言归"，守在老师身边，谈何创新？何以开创自己的事业？我们的社会何以进步？不能创新，不能开创自己的事业，即使才高八斗，满腹经纶，又有什么用呢？因一次过失，就放弃自己终生的事业，就放弃自己的理想追求，实在是不可取。

作为学生的薛谭要大胆"言归"，因为别林斯基就这样说过："学生如果把先生当作一个范本，而不是一个敌手，他就永远不能青出于蓝而胜于蓝。"陶行知先生在《创造宣言》中指出："教师的成功是创造出值得自己崇拜的人。先生之最大的快乐，是创造出值得自己崇拜的学生。说得正确些，先生创造学生，学生创造先生，学生先生合作而创造出值得彼此崇拜之活人。"作为老师的秦青也应积极鼓励薛谭"言归"。数学大师苏步青就常常这样对他的学生说："一代胜过一代，科学才能发展，事业才有希望，你们要超过我，向更高的目标前进。"

评：文章由一则"学讴"的故事引出，作者对薛谭的虚心、持之以恒、知错能改等优点和秦青高超的教育方法做了肯定的评价，然后，文章荡开一笔，集中篇幅论述薛谭不必"终身不敢言归"。文章猜想分析了薛谭可能"不敢言归"的两种情况，重点分析了"不敢言归"的种种弊端，最后，恰切引用三段名言，既回应前文，又将"言归"引向科学发展、社会进步的高度来考量，结语不同凡响。全文条分缕析，层层深入，思路缜密；论题联系社会现实，意义重大。

作文"留住——"写作指导及例文①

一、考试作文题

题目：留住——要求：①请先将作文题目补充完整，然后按要求写一篇文章，文体自选，诗歌除外；②600 字以上；③文中请不要出现真实的人名、校名、地名等。

二、写作指导

这是一道半命题作文，考生首先要弄清已命题部分的信息和要求：题目的已命题的一半是"留住"，题目的写作要求是"先将作文题目补充完整，然后按要求写一篇 600 字以上的诗歌除外的文章"；因为是考场作文，所以还要求"不要出现真实的人名、校名、地名等"。其次，要将题目的空缺部分填满，"留住"看似题意简单明了，其实它却暗藏玄机，"留住"什么？可留住的东西很多，但只能是积极的健康的东西才行。文章可写记叙文，切忌泛泛而谈，写成流水账，记叙的线索要清楚，思路清晰，可以夹叙夹议，用精妙的议论来做点题升华。也可写议论文，说说要"留住什么"、"为什么要留住"。总之，选一个小角度，一个小细节，以小见大，写出精彩的文章来。

三、例文 1：留住一缕芳香

晓风残月，云环雾绕，花开花落，那是自然留给我们的一缕芳香。

---

① 本文发表于河北省阅读传媒有限公司主办的《少年素质教育报》（教育艺术周刊）2015 年第 38 期（9 月 20 日出版，总第 465 期），被中国知网收录。

斗转星移，大浪淘沙，驼铃阵阵，那是历史留给我们的一缕芳香。

灯红酒绿，霓虹闪烁，川流不息，那是现实留给我们的一缕芳香。

在思想的灯河，在那无尽的钢筋混凝土的生活中，我们的心累了，我们力求一方可以释怀的天空，一泓可以豁然的清泉，于是，心便滋生翅膀不期然地飞了，去寻找一缕芳香。洗清了内心的枯燥与焦虑，充盈漫溢的希望。我的心，我的灵魂，在那一瞬间得到升华，升华到一个不可企及的高度，我那一方思想的田园，顿发生机，化为永恒，化为一道靓丽的风景。

喜欢走在烟雨氤氲、轻雾朦胧的大道，亲吻那飞扬的雨丝，拥抱那静谧的心；喜欢独坐一方清池的旁边，看心中的灯影被雨点打碎，泛起一层层涟漪，渐次扩散开来，传递内心的一份久违的呼唤；喜欢梦倚小楼，听那鸟儿婉转的心曲，让我的心跟轻风流水一起歌唱，让我的灵魂跟随鸟儿一起徜徉。走进自然，喜之舞之，足之蹈之，我们便会明白，留住一缕芳香，便迎来了动力，迎来了欢愉，迎来了希望。

一缕幽香，一腔热血，人生漫漫，几度风雨坎坷，对酒当歌，泰然处之。

留住一缕芳香，把灵魂的利剑在大自然中磨亮，劈风斩浪，驶向理想的彼岸；留住一缕芳香，让思想的花朵在历史的长河中绽放，花色清新，芳香永恒；留住一缕芳香，让心灵在现实之中滋长，万古长青，气盛千秋。

到那时，花开两岸。

到那时，力创辉煌。

例文2：留住父爱的温度

秋风渐去，西风骤起，扫落叶般的席卷着大地，让人心中似乎多了一层凉意。

夜，万籁俱静，古老的时钟敲响了十点的钟声。"啊——嚏——"，一个喷嚏在我的房间炸开了，并以迅雷不及掩耳之势向家中四周蔓延。我拉了拉被子，准备继续入睡，只听隔

壁房间传来了爸爸的声音："没事吧"。我不耐烦地答道："嗯，没事。"

接着又传来一阵窸窸窣窣的动作之声，我极不情愿地捂住耳朵，继续回归梦乡。忽然，房门吱吱作响，一道刺眼的强光射入房间。我嘟囔着说："干什么呀，我还想睡觉呢！"

"冷了吧，快把被子盖好。"门口处，爸爸的声音温馨而体贴。他轻手轻脚地来到我的床前，俯身给我披着被子，从头到脚，仿佛呵护一株小幼苗似的。"天气转凉了，记得明天多穿一些衣服。"脚步声渐渐远去，朦胧中发现，爸爸只穿了一件薄薄的衬衣……

爸爸只穿了一件薄薄的衬衣，不为别的，只为呵护我。想到此，我鼻子一酸，泪水不禁充盈眼眶。这时，第二个喷嚏又来了，我只得快速应变，钻进被子，憋住气息，用"憋气疗法"将它折腰拦住……

朦朦胧胧中，我沉沉睡去，睡梦中不知打了多少个喷嚏，朦胧中感着爸爸到房间里来了好几次，又是盖被子，又是探额头……

"啊——嚏——"一个大大的喷嚏打破了凌晨的沉寂。不过，这个喷嚏不是我打的，是爸爸打的。

一股暖流涌上我的心头。寒夜里，父爱如被。哪怕寒意袭人，父亲总用那柔软的爱，轻轻地，无微不至地簇拥着我，让我保持着感动的温度！

例文 3：留住那份回忆

世界总是匆忙的，它让人们在匆忙的追逐中，忘了许多东西，失去了很多东西。可是，对我来说，有一些东西是忘不掉的……

还记得是那年的深秋，楼下的桂花开得十分绚烂。我蹦蹦跳跳地下了楼，想好好观赏一番。谁知，你也在那儿。

当时也只有几岁，又都是女孩子，见了面难免有些羞涩，都僵在那儿，谁也不敢向前迈出一步。课谁让我性子急呢，过了一会就按耐不住了。我打不跑上前，装作很大方的样子问道："你叫什么名字呀？"我也不知当时哪儿来的勇气，反正都问出口了，不管了。

你看了看我，羞涩又弱弱地答道："细细。"

"噢，原来你叫细细呀！"

我们就这样认识了。从那以后，我俩就混熟了。天天在这颗桂花树下玩耍、嬉戏。有时，我们会坐在树下，看看天，看看地，再从天说到地，又从地说到天。

渐渐地，我们都长大了。不过，十一二岁的理性也没有阻碍我们的友谊。我们依旧常到桂花树下坐着，看看天上的白云，互诉心事。

"我长大了要当一个优秀的服装设计师!"你说这话的时候,桂花树上一片片洁白的花瓣落下,飘飘洒洒,落在你我的身上。

"好美呀!"我说。我至今还记得你当时那天真烂漫的笑容。你慢慢拾起散落的桂花,夹进我的书册……

相聚的日子是那样的美好,又是那么的短暂。

你走了,去外地读书去了。

只留下了我,还有这一颗桂花树。

又是一年桂花盛开的季节,我来到树下,坐在那松软的泥土上。我拿出口袋中的小本子,翻到那一页,上面有一朵已经泛黄的小桂花,我仔细端详着它,仿佛又回到了从前。

"我叫细细。""噢,原来你叫细细呀!"

我永远都不会将这朵小花儿丢弃,我要将它好好珍藏。

我不要忘记那份回忆,我要留住它……

05

教育思与行

"国培"来了　我们怎么做^①

"国培"是什么？

先从两则新闻说起。一是《双牌一中获评"湖南省中小学教师培训基地学校"》（见 2014 年 5 月 22 日"双牌新闻网"）：

本网讯　近日，从省教育厅传来喜讯，双牌一中在湖南省省级教师培训基地校遴选工作中脱颖而出，被确定为"湖南省中小学教师培训基地学校"，将承担语文、数学、英语、物理、化学、生物、思品、历史、地理和音乐、美术、信息技术等 12 个学科的初中教师省级培训任务。

据了解，我市获此殊荣的初中学校仅 5 所，承担的培训科目仅 2 - 5 科。作为省级教师培训基地校，双牌一中将在今后承担起项目实施、培训实践、观摩考察、训后跟踪指导、培训研究等任务，并充分发挥示范引领作用。

另一则是《"国培计划"培训项目落户双牌一中》（见 2014 年 8 月 15 日"双牌新闻网"）：

本网讯 8 月 13 日，从省电化教育馆传来喜讯，我县一中在"2014 年湖南省'国培计划'——中小学教师信息技术应用能力提升工程项目"招标评审中成功中标，承接初中语文学科培训任务。

"国培计划"是"中小学教师国家级培训计划"的简称，由教育部、财政部于 2010 年开始全面实施，是提高中小学教师特别是农村教师队伍整体素质的重要举措。这次"国培计划"项目招标评审共 42 项，计划培训 5502 人，竞标十分激烈，中标者多为大专院校和专业的培训机构，全省 200 多所基地学校仅

---

① 经学校领导、教师职工数年努力，学校 2014 年 3 月被确定为"湖南省中小学教师培训基地学校"，且 2014 年 8 月 13 日"国培计划"初中语文培训项目落户学校。本文是作者为"国培"而写，拟刊发校刊《潇湘星苑》，因工作变动，未能刊发。

双牌一中等19所学校通过专家评审。

届时来自全省三湘四水的120名初中语文骨干教师将来到双牌一中参加为期7天的现场培训，省内外著名专家到校授课，该校语文学科骨干教师也将现场展示精彩的教学案例，这将有利于推进我县初中语文课改水平的全面提升。（8月16日，省电化教育馆将我校"国培"人数增加到180人。）

两则新闻前后相承，见证了学校上争基地学校和国培项目的过程。

什么是"中小学教师培训基地学校"？

湖南省中小学教师教育技术培训基地学校是运用信息技术与学科教学深度融合突出的、在当地有影响力的中小学校，每个基地能承担本学段一个或多个学科的培训任务，能提供10个培训学科的优秀教学案例。案例必须能充分体现学生在"自主、合作、探究"的学习方式中实现三维目标；案例必须能充分体现信息技术与学科教学的深度融合，有效突破传统教学方式难以突破的教学重点、难点问题；案例必须能充分体现通过信息化手段，实现打造高效课堂、减轻学生学习负担和教师教学负担、提高教学质量的目标。能提供所承担学科的教师培训团队，每个学科主讲教师应是10个优秀教学案例的设计者，一般不少于5人，主要在申报学校教师队伍中产生，也可以整合区域资源，在当地其他中小学校选拔作为补充。教育技术培训的理论技术主讲教师3-5名（可以外聘），技术支持人员1-2名。能按照"观摩—解读—研讨—实践—评估"的流程开展集中培训。观摩：让参训教师观摩与教学进度基本一致的学科案例课堂教学，通过观摩案例，使参训教师对信息技术与学科教学的深度融合产生感性认识。解读：主讲教师围绕如何利用现代媒体和资源，有效突破案例中的重点，解决案例中的难点问题，进行分析解读。使参训教师了解并掌握信息技术与学科教学深度融合的理论与方法。研讨：由主讲教师针对案例提出相关问题，组织参训教师开展相关讨论，进一步加深参训教师对教育技术的理解。实践：组织参训教师开展撰写教学设计、说课、上汇报课等实践活动，提高参受训教师对信息技术与学科教学深度融合的能力。评估：对参训教师的教学设计、说课和实践汇报课进行学习效果评估。应有1间不低于50座可用于培训的多媒体计算机网络教室，能提供集中培训、教学研讨、教学观摩的场所，能为受训教师提供实习课堂；网络教室的设备最低配置要求：100寸屏幕，3000ANSI以上投影机，电脑内存 1G，硬盘 80G、能上网，有耳麦。具有 Science word、Office、XP 以上版本的培训用教学工具软件和平台等。需有 10M 以上网络带宽接入，局域网 100M 带宽到桌面。需安装有视频监控设备，有条件的可以配备教学录播系统。建有培训基地的网页和校本教学资源库（包含教育技术能力的基础知识、学科素材、案例分析、课堂实录、名家点评等培训学习资源）。建有个人网络教学空间，分学科建立培训 QQ 群，能通过网络与学员进行学习交流和答疑。成立有中小学教师教育技术能力培训工作领导小组和工作小组。制定有本学科教育技术培训的实施方案。具有培训教学管理经验，有培训教学的相关措施和管理制度，对培训工作能实施信息化管理。对参训学员的学习情况建立电子档案，能够运用科学的教育统计方法和技术处理搜集有关培训数据。

什么是"国培计划"?

"中小学教师国家级培训计划"，简称"国培计划"，由教育部、财政部于 2010 年开始全面实施，是提高中小学教师特别是农村教师队伍整体素质的重要举措。

"国培计划"包括"中小学教师示范性培训项目"和"中西部农村骨干教师培训项目"两项内容。2010–2012 年中央财政每年投入 5.5 亿元支持"国培计划"的实施。

"中小学教师示范性培训培训项目"是由中央本级财政每年划拨 5000 万元专项经费支持，教育部直接组织实施面向各省（区、市）的中小学教师示范性培训，主要包括中小学骨干教师研修、培训团队研修、中小学教师远程培训、班主任教师培训、中小学紧缺薄弱学科教师培训等示范性项目。项目将为全国中小学教师培训培养骨干，做出示范，并开发和提供一批优质培训课程教学资源，为"中西部农村骨干教师培训项目"和中小学教师专业发展提供有力支持。

"中西部农村骨干教师培训项目"主要包括农村中小学教师置换脱产研修、农村中小学教师短期集中培训、农村中小学教师远程培训。该项目是在教育部、财政部统筹规划和指导下，2010 年由中央财政安排专项资金 5 亿元，采取转移支付的方式支持中西部省份按照"国培计划"总体要求实施的。在对中西部农村义务教育教师进行有针对性培训的同时，引导地方完善教师培训体系，加大农村教师培训力度，提高农村教师的教学能力和专业水平。

实施"国培计划"旨在发挥示范引领、"雪中送炭"和促进改革的作用。通过该计划培训一批"种子"教师，使他们在推进素质教育和教师培训方面发挥骨干示范作用；开发教师培训优质资源，创新教师培训模式和方法，推动全国大规模中小学教师培训的开展；重点支持中西部农村教师培训，引导和鼓励地方完善教师培训体系，加大农村教师培训力度，显著提高农村教师队伍素质；促进教师教育改革，推动高等师范院校面向基础教育，服务基础教育。

"国培"意味着什么？

"培训基地学校"是运用信息技术与学科教学深度融合突出的、在当地有影响力的中小学校"，一语中的，能竞争到培训基地学校，说明学校在当地有影响力的中小学校。

"国培"更是优中选优，全省200余所基地学校竞争，仅仅19所中小学中标，其他多为大专院校和专门的培训机构，足见竞争之激烈。

"国培"会带来什么？

"国培"带来的是丰厚的培训资金，因为"国培"是按照每人每天280元的标准拨付的，一期60人7天的培训，拨付的资金近12万。也许正是丰厚的培训资金，才让大专院校和专门的培训机构趋之若鹜。

其实"国培"带来丰厚的培训资金的同时，还给我们带来丰富的培训资源。因为"国培"有规定，每期的培训都必须邀请1~2名省外专家和1~2位省内专家授课，这些专家都是本学科研究领域的顶级人物，他们的授课是站在学科前沿的制高点上对学科教学的审视，高屋建瓴，前瞻而创新，听其一场讲演，对提高该学科的教育教学水平那是肯定有益的。我们学校有12个学科可以培训，试想一下，如果12个学科都请到3~4为专家，那学校教育教学整体水平的提升是不言而喻的了。

"国培"带来名师队伍的形成。"国培"要求基地学校能提供所承担学科的教师培训团队。每个学科主讲教师应是10个优秀教学案例的设计者，一般不少于5人，主要在申报学校教师队伍中产生，也可以整合区域资源，在当地其他中小学校选拔作为补充。这10个优秀教学案例的设计者就是本校或当地的名师，他们不仅可以再本校授课，若被省培训管理部门考察是授课优秀者，邀请到省内其他基地学校授课也是可行的。

"国培"还会给我们带来一批优秀的教师。为什么这么说呢？因为"国培"培训的是为全国中小学教师培训培养骨干，做出示范，并开发和提供一批优质培训课程教学资源，为"中西部农村骨干教师培训项目"和中小学教师专业发展提供有力支持。实施"国培计划"旨在发挥示范引领、"雪中送炭"和促进改革的作用。通过该计划培训一批"种子"教师，使他们在推进素质教育和教师培训方面发挥骨干示范作用；开发教师培训优质资源，创新教师培训模式和方法，推动全国大规模中小学教师培训的开展；重点支持中西部农村教师培训，引导和鼓励地方完善教师培训体系，加大农村教师培训力度，显著提高农村教师队伍素质；促进教师教育改革，推动高等师范院校面向基础教育，服务基础教育。

"国培"来了，我们要做什么？

我们要紧扣"国培"做好"国培"。争取到"国培"项目，这仅仅是第一步，后面还有许许多多的工作要做。要作具体的实施方案，细化到每一节课、每一个环节；要作 10 个优秀的有示范性的教学案例；要邀请省内外的专家，夯实其讲座内容；要联系好酒店，安排好食宿，酒店要有网络，便于学员自主研修；要编写好《学员手册》等学习资料；要安排好过程评价、课后评价以及上机考试事宜；甚而至于要拟写好《报名通知》，连同如何乘车，到双牌车站后如何到酒店报到都要考虑清楚。特别是 10 个教学案例，学科组要研究之后再研究，一定要是精品之中的精品。

我们要紧扣"国培"做好"国培"之外的工作，那就是学校的管理。把一个管理混乱的学校展示在来自三湘四水的教师面前，那是对学校乃至双牌教育形象的伤害！学校只有狠抓管理才能不辱使命。要抓好学生的文明礼貌教育，要抓好纪律管理，要抓好课堂教学，要搞好后勤服务，要搞好校园环境，要教育教师职工以良好的心态广招远客。

"国培"是对学校各方面工作的全面考核！只有全校师生同心同德，齐心协力，才能向省厅、向每一位参与"国培"的老师交一份满意的答卷！

"国培"来了，是好事儿，是全校教师职工数年共同奋斗的汗水的结晶；但"国培"来了，又仅仅是第一步，后面的路还很长很长！

为夏雪、蒋萍等同学精彩的个人才艺展演喝彩①

　　5月19日晚，学校为九年级的夏雪、蒋萍等十余位同学在县花鼓剧院举办了一场个人才艺展示的专场会演。以往学生进入九年级，文体活动都不再要参加；有的学校甚至而至于取消音体美电课程，美其名曰"集中力量，冲刺中考"。让学生展示才艺，这是第一次；况且是花钱租场地为学生展示才艺提供平台，更是难能可贵。

　　为什么学校花钱租场地也要为学生展示才艺提供平台？这样做只为了一点——学校的办学理念：奠学生成才之基，铺教师成名之路，树学校精品之牌！为了铺教师成名之路，学校是舍得投入的：在紧张的财力中，近两年中还是派送了二十余位老师分别参加了国家级和省级骨干教师的培训；派送了十余位老师分别参加了省市级课堂教学大赛，在比赛中历练提高；派送了大量的教师参加省市教研活动，还主动承办了永州市初中语文有效教学比赛。百年大计，教育为本；教育大计，教师为本。我们欣喜地看到，通过培训、参赛、参与教研活动，学校老师的教育教学教改教研水平在逐步提高，名师队伍正在逐步打造形成。科学发展观提倡以人为本，在学校工作中以人为本，就是以师生发展为本。学生也是我们工作的重要因素，正因此，很多学校提出了这样的办学理念：一切为了学生，为了一切学生，为了学生的一切。学校花钱办一场学生个人才艺展演，上台展示的也许是一个年级的十几位同学，但它体现的却是学校工作以学生成才为中心的办学理念，体现的是对全校学生成长的关注和对全体学生

---

　　① 2011年5月19日，学校为210班蒋萍、225班夏雪等初三的同学特地举办了一次个人才艺展示的专场会演，一时学校的老师和同学以及家长都有质疑。笔者时任学校校长，特撰此文，刊登于校刊《潇湘星苑》，一是对师生议论的正面回答，二是对学校办学理念的阐述。本届学生是作者担任双牌一中校长后招收的第一届学生，这一届学生学风好，思想活跃，成绩优异，上进心强，德智体美劳等各方面全面发展，多名同学在毕业三年后的高考中取得优异成绩，2014年考取清华大学的蒋文兰同学就是本届学生。

的无限关爱！全体学生也应在这一份厚重的关爱里，化感恩为动力，更加努力学习，茁壮成长！"一切为了学生，为了一切学生，为了学生的一切，使每一位学生都得到发展"，这是新课程标准的最高宗旨和核心理念，我们学校的教育就是要切实履行这个理念而实现"奠学生成才之基"。

当代著名教育家魏书生老师曾说过：一些孩子老是淘气，一分钟也闲不下来，这是因为大脑那根淘气神经经过锻炼，已是"十分发达"；给他很多事情做，让他高高兴兴做他乐于做的事，这样一来，那根淘气神经没时间使用，就退化掉了；把人家积极的、向上的、乐观的神经激发起来，每位学生的心灵深处都有你的助手。办学生个人才艺展，让学生忙碌在培育自己的才艺之中，哪有时间去做违纪的事情呢?! 学校就是应该这样：让高雅的思想和行为引导学生的言行，让低俗的东西无容身之地。如果办才艺展能起到如此良好的导向作用，让更多甚至全校的同学都有了正当的乐趣与追求，那么，何愁优良的校风不形成呢? 是的，才艺展的同学中有的成绩不是最好的，但我们的教育理念是：有教无类，野百合花也有春天，更何况学生的发展是多方面的呢。

参加这次才艺展的只是九年级的十几位同学，从节目遴选到编排、排练直到演出，都由十几位同学自编自导自演，学校只是提供了舞台而已。从才艺展演的精彩表现，可见这些同学准备之精心。初三了，毕竟要参加中考；人生道路漫长，转折点却只有几个；初三毕业就是一个转折点。让更多的同学专注于中考迎考，不致耽误太多的时间，分散太多的精力，故此，学校没有要求九年级大力发动，大张旗鼓宣传。尽管如此，办才艺专场展演，这也是学校送给九年级全体同学的一份特殊礼物。愿九年级的全体同学永远记住这繁忙中考迎考中的温馨时刻，永远感悟学校对每位同学的关爱，永远牢记母校的赠言："今天您以一中为荣，明天一中以您为荣！"

才艺展演仅仅是学校关注学生成长的理念化为现实行动的一个开端，一个良好的开端！让我们永远记住夏雪、蒋萍等十余位同学的名字，是她们开启了办学理念走向实践的新途径，是她们让"一切为了学生"成为现实！

老师们，同学们，让我们为夏雪、蒋萍等同学精彩的个人才艺展演喝彩！让我们共同祝愿像她们这样的学子如雨后春笋般在校园涌现，在一中热土上茁壮成长，长大成材！我们有理由相信：一中的学子，明天更优秀；一中的明天，一定会更美好！

让革命传统的伟大旗帜高高飘扬①

尊敬的各位领导、老师们、同学们：

大家下午好！

在这阳光明媚的美好季节，我们满怀喜悦迎来了我县青少年庆祝建党九十周年系列活动启动仪式在我校隆重举行。首先，谨让我代表双牌县第一中学的2700余名师生向各位领导的莅临表示最热烈的欢迎和衷心地感谢！

青少年庆祝建党九十周年系列活动寓教于乐，寓教于游，这是一次增长知识、提高修养的社会实践活动。开展青少年庆祝建党九十周年系列活动是各位领导、老师们对我们青少年的关心，目的是引导广大青少年了解中国革命的历史、革命事迹和革命精神，激发爱党、爱国、爱社会主义的思想感情，帮助广大青少年学生树立了正确的世界观、人生观、价值观，引导我们青少年爱祖国、爱人民、爱家乡，为民族复兴、华夏崛起而拼搏进取、奋发图强。

哲学家萨特曾说过：世上有两样东西是亘古不变的，一是高悬在我们头顶上的日月星辰，一是深藏在每个人心底的高贵信仰。今天，我们眼前的世界前所未有的缤纷和嘈杂，我们的内心面对着来自四面八方的诱惑和冲击，我们曾一度坚信和执着的信仰也似乎变得扑朔迷离。生活在和平社会，我们无法回归炮火纷飞的年代，感受碧血丹心的赤诚，也无法在生和死的抉择中验证内心深处的信仰，但我们决不可以用和平的花团锦簇来掩埋我们对党对国家对人民的信仰！

同学们，当你沉溺于网络游戏，失去自我的时候；当你流连于武打小说，

---

① 2011年6月10日，由双牌县关工委、双牌县教育局、共青团双牌县委共同举办的"双牌县青少年庆祝建党九十周年系列活动启动仪式"在双牌一中隆重举行操场隆重举行，本文是作者在"启动仪式"上的致辞。

不思进取的时候；当你吃着肯德基，喝着可口可乐，为快女疯狂的时候……想一想哪些令人尊敬的革命先烈吧。如果说当年所面临的是推翻三座大山，建立民主政权的话，而我们今天所面临的，则是用我们的勤劳和智慧使我们的祖国阔步迈入世界经济强国的行列。作为当代的热血青年，我们应该有自己的远大理想，那就是实现中华民族的伟大复兴。少年兴则国兴，少年强则国强。我们要接过红色之旅的光辉旗帜，适应时代发展的要求，锐意进取，自强不息，真正把爱国之志变成报国之行。今天为振兴中华而勤奋学习，明天为创造祖国辉煌的未来贡献自己的力量！

同学们，让我们积极投入青少年庆祝建党九十周年系列活动，重踏红色之旅，弘扬红色之旅的精神，努力拼搏，去追寻金色的理想，追寻明媚的春光，追寻火红的太阳！在这里，我们再一次感受到战争年代的腥风血雨，感受到中华民族的坚强不屈，感受到人民的聪明智慧，感受到革命先烈的凛然气节。我们应清楚地认识到，今天的幸福生活来之不易，我们要倍加珍惜，继续努力，发扬优良传统，开创美好未来。广大青少年要从自己做起，从现在做起，努力学习知识和技能，将来为建设全面小康、构建社会主义和谐社会做出更多更大的贡献。

最后，祝各位领导、老师们身体健康，工作顺利；祝同学们学习进步；祝双牌县青少年庆祝建党九十周年系列活动圆满成功！

在学校被授予"湖南省社会管理综合治理工作先进集体"授牌仪式上的致辞①

尊敬的领导、老师们、同学们：

大家上午好。

阳明欢笑，潇水欢歌。在这举国上下欢庆引导我国改革新征程的党的十八届三中全会隆重召开的大喜日子里，我们迎来了丰收的喜讯和喜庆的盛事——我校荣获"2009－2012年湖南省社会管理综合治理工作先进集体"光荣称号，这是全校2800名师生的汗水结晶，更是各级领导、特别是省市县政法委领导的关心的成果，在此，我提议，让我们以最热烈的掌声对各级领导对学校的关心表示最衷心的感谢！

生命不保，何谈教育？德育工作永远是学校的首位工作，在过去的几年里，我们一中2800名师生始终重视社会管理综合治理工作。正因此，学校自2009年开始实施新德育养成教育，凡是一个月里在德智体方面都按学校要求做好的学生，学校在当月的校刊《潇湘星苑》上表彰，并赠送一个有表彰名单的奖励本。经过四年的实践，收到了良好的效果，百分之九十八以上的同学能自我教育，严格要求自己，校纪校风大为改观。新德育养成教育课题实验也获得了2011年度县科技成果三等奖，在2012年、2013年的省市初中校长会议上作经验介绍，成果被《永州新报》专题报道，学校2011年荣获"湖南省安全文明校园"，今年又荣获"湖南省2009－2012年社会管理综合治理先进集体"和"湖南省青少年思想道德教育工作先进单位"。学校加强留守学生管理。学校对留守学生双休

---

① 2013年11月9日，学校隆重举行"2009～2012年湖南省社会管理综合治理工作先进集体"授牌仪式，本文为作者在授牌仪式上的致辞。

日进行全天候管理，星期六组织学习语文、数学、英语、物理、化学等知识，星期天组织打球、下棋、看电影等，减少了外出上网与校外闲杂人员发生矛盾的可能，在社会上引起良好的反响，学生满意，家长放心。学校为了搞好安全工作，还邀请了公安、司法、交通、消防、卫监等部门到学校为同学们讲课。学校搞好了防震减灾安全疏散演练，圆满完成"省级防震减灾示范学校"创建任务，今年5月10日省地震局，省教育厅授予我校"湖南省防震减灾科普教育示范学校"，获得这项殊荣的全省共有28所学校，按考核得分顺序我校名列第八名，自2008年以来，永州市仅有三所。学校能荣获"湖南省社会管理综合治理工作先进集体"光荣称号，是全校2800名师生的共同努力的汗水结晶，在此，请让我代表学校对全校2800名师生的共同努力表示诚挚的谢意。

雄关漫道真如铁，而今迈步从头越；路漫漫其修远兮，吾将上下而求索。成绩和荣誉是领导关心的结果，也属于过去，在以后的工作中，我们学校还要更下功夫，加倍努力，搞好社会管理综合治理及学校各项工作，以更优异的成绩向各级领导、社会各界交一份更满意的答卷。

最后，恭祝各位领导和老师们身体健康，工作顺利，生活愉快！祝同学们学习进步，成绩优异！祝我们的学校在各级领导的关心下蒸蒸日上，一天更比一天好。

谢谢大家。

弘扬舜德 爱心捐赠 利在当代 功载千秋①

尊敬的各位领导、爱心人士、老师们、同学们：

大家上午好！

阳明欢笑，潇水欢歌。在这举国上下欢庆引导我国改革新征程的党的十八届三中全会隆重召开的大喜日子里，我们有幸迎来了"县普及舜文化捐资赠书暨扶贫助学活动仪式"在我校隆重举行，是各位领导和爱心人士的到来，使得我们寒冬的校园充满了浓浓的温暖。在此，我谨代表学校2800余名师生对各位领导和爱心人士的到来表示最热烈欢迎和最衷心的感谢！向关心、支持我校发展的各级领导和社会各界朋友表示最衷心感谢！

为了进一步贯彻落实《中共中央国务院关于进一步加强和改进未成年人思想道德建设的若干意见》的指示精神，加强和改进我县未成年人思想道德建设工作，继承和发扬中华民族的传统美德，"县普及舜文化捐资赠书暨扶贫助学活动仪式"在我们学校隆重举行了，这是我们双牌一中2800名师生的荣幸。过去的日子里，我们双牌一中在各级领导的亲切关心下，成了拥有260名教师职工和50个班级2500名学生的全县最大的学校。在全校师生的共同努力下，学校教育教学质量稳中有升，初三年级参加全市中考，全县前200名我校达170－180人，中考900分以上的达60人，500余名毕业生被双牌二中等省示范性高中正式录取；七八年级的统考也取得了优异的成绩，多数科目列县第一二名，学校荣获2012－2013年度教育教学质量一等奖。学校2009年圆满通过湖南省义务教育合格学校验收，2011年被评为"湖南省安全文明校园"，2013年学校圆满通

---

① 2013年12月11日，"双牌县普及舜文化捐资赠书暨扶贫助学活动仪式"在双牌一中操场隆重举行，本文为作者在仪式上的致辞。

过了"永州市校园文化建设示范校"和"湖南省防震减灾科普教育示范学校"创建验收；还被评为"湖南省校务公开先进单位""湖南省青少年思想道德教育先进单位""2009—2012 年湖南省社会管理综合治理工作先进集体"。赠人玫瑰，手有余香，各位领导和爱心人士的捐书捐资的善举，必将利在当代，功载千秋！也必将激励我校及全县的教育工作者爱岗敬业，勤勉工作；也必将激励我校及我县万千莘莘学子积极进取、努力学习，取得更加优异的成绩回报社会。

《史记》说："天下明德，皆自虞舜始"，舜帝是我们中华民族的道德始祖，是孝的化身，是德的典范，是中国的"和谐大师""道德大师"。在中小学里开展读《舜德之道》、讲舜帝故事、品舜文化的活动，是及时的，又是必要的。让同学们了解舜帝，了解舜文化，这才是一个真正的永州人。从了解舜文化开始，我们的青少年思想道德教育也一定能揭开新的篇章，我们的校园精神文明建设也一定能迈上新的台阶。在此，我再次代表接受捐赠的同学们对各位领导和爱心人士的亲切关怀表示最衷心的感谢！

最后衷心祝愿各位领导和爱心人士、老师们身体健康，工作顺利，家庭幸福，万事如意！祝同学们学习进步，学业有成！祝我县普及舜文化专题教育活动圆满成功！

生命不保 何谈教育①

尊敬的各位领导、各位来宾，老师们、同学们：

今天，我们在这里隆重集会，举行"湖南省防震抗灾科普示范学校"揭牌仪式。首先，我代表双牌一中全体师生向各级领导和来宾表示最热烈的欢迎，向一直关心和支持我校发展的各级领导，表示衷心的感谢。

2008年5月12日，四川汶川发生了举世震惊的8级大地震，造成近9万人遇难。对于我们来说，这是一个难忘而又心痛的日子。这一天，有多少个像我们一样正值花季的孩子，他们的生命永远定格在2008年5月12日。然而，时隔两年的2010年4月14日，我国青海玉树又发生7.1级地震，2000多人遇难，200多名学生在地震中丧生。

这突如其来的灾难，给人们带来了极大的伤害和无法弥补的损失。学校是人口聚集的地方，中小学生又是一个弱势群体，年幼无知，缺乏自救自保知识，一旦发生灾难，往往最容易伤害。我校地处县城西北郊的唐家岭，倚山而建，坡高路陡，校园地质结构复杂，山体滑坡时有发生，为防患于未然，杜绝因地质灾害而造成人员伤亡和财产损失，我们在双牌县科技局、县教育局的领导下，深入开展了防震减灾科普教育活动。今天，我们又喜迎"湖南省防震减灾科普示范学校"的揭牌，这是我校"珍爱生命，关注下一代成长"工作的一件大喜事。在此，我再次向关心和支持我校的各级领导，各界朋友以及全体教师表示

---

① 2012年11月1日，市地震局来双牌一中初检"湖南省防震减灾科普示范学校"创建工作；11月7日，省专家组来双牌一中检查验收"湖南省防震减灾科普示范学校"创建工作，我校打分排名全省百余所创建学校的第8名，被省科技厅授予"湖南省防震减灾科普示范学校"。2013年5月10日，学校隆重举行"湖南省防震减灾科普示范学校"授牌仪式，本文为作者在授牌仪式上的致辞。

最诚挚的感谢。

生命不保，何谈教育?! 创建"湖南省防震减灾科普示范学校"意义重大，它体现了党和政府对祖国下一代的关怀，我们要在各级领导的指导下，加大科普宣传力度，加强自救宣传，充分利用和拓展课程资源，不断创新科普教育方式，努力营造浓郁的防震减灾科学教育的氛围，让我们全体师生用智慧共筑安全防线，开创我校公共安全教育工作的新局面! 师生平安，是我们最大的幸福!

谢谢大家!

翘起你的大拇指 换种方式做父母①

尊敬的湖南春雷教育赏识教育专家、各位家长：

大家好！

在这初冬之际，我们在这里隆重举行全校学生的家长会。非常感谢湖南春雷教育赏识教育专家李建军老师及演讲团队莅临我校做专题讲座，非常感谢各位家长能在百忙之中抽出时间来参加这次会议，就我们共同关心的家庭教育问题进行交流和沟通，在此，我代表双牌一中的全体师生对各位的到来表示最真诚的欢迎和衷心的感谢！

一个普通的父亲，用其20年的生命探索出赏识教育，把双耳全聋的女儿周婷婷培养成中国第一位聋人大学生，成为留美博士；他用赏识教育培养了一批早慧儿童，改变了成千上万健全孩子的命运，也改变了成千上万家庭的命运，他就是全国著名的"赏识教育"专家——周弘教授。赏识教育是他经过20多年的实践和探索而总结出来的一种教育体系。没有种不好的庄稼，只有不会种庄稼的农民；没有教不好的孩子，只有不会教的父母！农民怎样对待庄稼，决定了庄稼的命运；家长怎样对待孩子，决定了孩子的一生！赏识教育源于父母教孩子"学说话、学走路"成功率百分之百的教育现象——"承认差异、允许失败、无限热爱"。赏识教育是一种尊重生命规律的教育，它总结的"花苞心态"调整了无数家庭教育中的"功利心态"；它总结的"生命像一条河"、"全纳思维"、"先骄傲、后成功"等思维方式，使许多家庭走向了和谐、幸福和美满。赏识教育让家长和孩子觉醒，让孩子的生命状态得以舒展！每一位孩子觉醒的

---

① 2010年11月6日，"家庭教育专家李建军教授双牌一中演讲报告会"在学校操场隆重举行，本文是作者在"演讲报告会"开始时的致辞。

力量是排山倒海、势不可挡的！赏识教育是承认差异、允许失败的教育！赏识教育是让家长成为教育家、使孩子舒展心灵、发展潜能的教育！赏识教育是让家长、孩子生命和谐、成为朋友、共同成长的教育！赏识教育是让孩子天天快乐、家长日日赞叹的教育！

李建军老师是湖南春雷教育赏识教育专家、中国赏识教育六大讲师之一。他2000年开始致力于家庭教育的研究，把赏识教育理念以及方法融为一体，已取得丰富的经验。李建军老师曾在湖南、湖北、广东、河南、江西、山东等地进行赏识教育的专题讲座达两千多场，受到了有关领导、社会、家长、老师以及新闻媒体的高度赞赏，已被湖南省妇联、教育厅聘为家庭教育辅导专家，其讲座现场多次被知名新闻媒体，如《湖南日报》、《潇湘晨报》等报道，并被山东济南电台"我会赢"节目聘为亲子教育专家。我们相信，李建军老师全新的教育理念、幽默生动的语言、真实典型的案例、缜密的思维定能赢得了家长朋友们的认可和强烈的共鸣。

家长们，我们的目标是统一的，我们的任务是一致的，愿我们紧密配合，把我们的学生——您的孩子培养成品德良好、勤奋好学、富有特长的好学生，为他们的升学、就业乃至整个人生的发展打下坚实而良好的基础。

最后，恭祝演讲会圆满成功，祝在座各位家庭平安和谐、幸福快乐！祝愿孩子们健康成长！

疯狂英语　点燃激情①

尊敬的黄海老师、专家们、老师们、同学们:

大家上午好!

从英语不及格到世界上最著名的英语老师;从不敢接电话、不敢和陌生人谈话,到全球最著名的演讲大师;从一个自卑的人,成长为千千万万人成功和自信的榜样;从祖国的边疆一步一步走向世界创造一个又一个奇迹,这个人就是疯狂英语的创始人——李阳老师。李阳老师凭着他"睡得比狗迟、起得比鸡早、吃得比猪糟、干得比驴多"的勤勉工作精神,于1995年5月创立疯狂英语。创立以来,疯狂英语风靡中国十数载,深刻影响了中国的外语教学,极大地推动了中国的教育改革! 今天,我们十分荣幸地邀请到了李阳老师的首席教学助理、李阳疯狂英语高级讲师黄海老师和他的演讲团队。首先,我提议,让我们以热烈的掌声对黄海老师及他的演讲团队的光临表示最热烈的欢迎和衷心的感谢!

黄海老师现为李阳疯狂英语十大金牌讲师之一,北京市东城区公务员英语培训讲师。2008年北京举办奥运会,李阳疯狂英语作为口语赞助商,为全国三十万奥运志愿者提供了英语培训,黄海老师是这次活动的主讲培训师。黄海老师在大学期间曾组建了全国最大规模的李阳疯狂英语俱乐部,此外,黄海老师还担任全国多所重点大学、重点中学的李阳疯狂英语推广形象大使。多年来,黄海老师在百余所大学做过演讲;在北京四中、江苏淮阴中学、南京师范大学附属中学、沙市中学、荆门外校等重点中学传授疯狂英语考试快速突破法。他

---

① 2010年10月25日,"疯狂英语黄海老师演讲报告会"在双牌一中操场隆重举行,本文是作者在"演讲报告会"开始时的致辞。

在英语教学和激发青少年热爱祖国、刻苦学习和追求成功方面积累了丰富的经验，无数的中高考状元都深刻受益于黄海老师幽默睿智、满激情和集聚感染力的演讲。更难能可贵的是，他在提高中学生和后进生成绩方面同样具有独到的见解，并做出了卓有成效的工作。他所推崇的"人人都能成功、人人都是天才、把英语踩在脚下"的理念深深地激励了广大青少年。

今天，黄老师演讲的主要内容如下：①如何全面提高英语的"听、说、读、写"能力，突破聋哑英语；②分享纯正发音的秘诀！十秒钟记忆单词的神奇方法！让你立刻体会"纯正英语"的无穷快乐！③如何考试拿高分，他将分享他最著名的"如何成为中高考冠军"的四大秘诀；④如何战胜贫穷、困难、自卑等种种不良因素而获得成功；⑤让学生重拾中华民族传统的感恩的美德，懂得感恩父母，感恩老师；⑥在讲学结束后将举行教学研讨会，黄海老师将与我校英语老师共同分享疯狂英语多年的教学经验，探讨将疯狂英语教学法和传统教学方法相结合，并应用于日常教学中。

老师们、同学们，李阳疯狂英语的"疯狂"，它的含义：是对理想的执着追求，是对事业的忘我奉献，是不达目标绝不罢休的坚强意志，是百折不挠的奋斗精神！"让三亿中国人讲一口流利的英语"，"让中国之声响遍全世界"是李阳疯狂英语的两大使命和梦想！人们说，听黄海老师的演讲，是中高考考前的精神按摩；听黄海老师的演讲，是中高考前的誓师大会；听黄海老师的演讲，是学生学习热情的全面激发；听黄海老师的演讲是爱心、感恩之心的全面爆发！我们相信，黄海老师的精彩演讲，必将点燃我校 2500 余名师生英语学习的热情，为我校的英语教育事业创设一个新的里程碑！

同学们、老师们，让欢迎黄海老师精彩演讲的掌声来得更猛烈些吧！

书香塑名校 书卷润英才①

尊敬的各位领导，老师们、同学们：

大家早上好！

在这春意盎然的季节，我们非常高兴地迎来了学校"布克校园书店"开业典礼，在此，我谨代表双牌县第一中学 2800 名师生对各位领导的光临表示最诚挚的欢迎，对市县新华书店对我校的关心表示最衷心的感谢，对学校"布克校园书店"隆重开业表示最热烈的祝贺！

学校"布克校园书店"的正式开业，是我校校园文化建设的一件大事，也是我校精神文明建设的一件喜事。古人云："最是书香能致远，腹有诗书气自华"；法国大作家雨果说："书籍是造就灵魂的工具"；宋代文学家欧阳修说："立身以立学为先，立学以读书为本"；莎士比亚说："书籍是全世界的营养品。生活里没有书籍，就好像没有阳光；智慧里没有书籍，就好像鸟儿没有翅膀"；毛泽东说："饭可以一日不吃，觉可以一日不睡，书不可以一日不读。"我校作为双牌县县城唯一的初中学校，在双牌高雅文化建设中有着举足轻重的作用，在校内设立书店，不仅是新时期书业发展的一棋妙招，也是校园文化建设的一大创举，更是推进高雅文化进校园的有效载体，对我县发展文化产业、发展教育事业必将产生深远影响，对弘扬先进文化、传播知识、建设文明校园起到积极作用。新华书店的加盟将为我校教学管理、教学改革和教学研究注入新的活力。我们学校也将与新华书店联合，开展一系列的读书活动，如结合语文教学，将初中生必读书目分配到每个学期；适当时机举办读书节；开展读古代经典，

---

① 2014 年 5 月 5 日，市、县新华书店举办的"双牌一中布克校园书店"开业典礼在学校操场隆重举行，本文是作者在学校"布克校园书店"开业庆典仪式上的致辞。

讲四大名著的故事等等活动，总之，我们要以布克校园书店入校园为契机，通过系列活动，把学校打造成书香校园！书香塑名校，书卷润英才，让同学们沐浴在浓浓的书香之中，茁壮成长！另外，我还要代表学校对同学们提一点要求，那就是在享受便捷读书的优势的同时，我们要做一个爱书人，校园书店的运营是县新华书店委托我们学校管理的，担任营业员的是我们学校的老师，校园书店内部和外面的简易礼堂都有监控，学校每周都要调阅监控录像，对损坏读书和偷窃读书的不良行为要坚决处理，除赔偿外，还要纪律处分。

用心经营书香校园，定会收获师生快乐幸福的教育人生。各位领导老师们，同学们，让我们共同祝愿学校布克校园书店生意兴隆，祝愿新华书店的事业兴旺发达，祝愿我们的校园更加生机勃勃，蒸蒸日上！

读经典书　做智慧人①

各位家长、各位同学：

北京市 2013 年 10 月 21 日公布的将于 2016 年实施的中高考改革方案中，中考语文卷总分分值由 120 分增至 150 分，高考语文分分值从 150 分升到 180 分。此方案一公布，即获得了社会的一致认可和广泛好评，各省市的中高考改革方案纷纷效仿。中高考中语文科分值的增加意味着什么？它标志语文在今后初高中学习中的地位更加重要，提高语文成绩更是迫在眉睫！

如何提高语文学习成绩？阅读！人们常说"开卷有益"！是的，书是人类智慧的源泉，书籍是人类进步的阶梯！读书是治疗愚昧的最有效的良药，一个人不读书，他会变得无知，一个民族不读书，她会变得落后。知识改变世界，读书丰富人生。读书，可以拓宽我们的眼界，获得丰富的知识；读书，能引导我们明白事理，做个有修养的人；读书，还能提高我们的阅读水平，养成良好的学习习惯。一本好书就像一艘航船，引领我们从浅狭的港湾驶向生活无垠的海洋。优秀的书籍可以让我们尽情欢笑；让我们庄严思考；可以让我们奋发图强，勇于创造。在书籍的世界里，可以领略广阔的天地，欣赏壮丽的山河；可以知文史经，品诗词歌赋，可以回味古老的悠长，眺望未来的瑰丽。总之，读书有益：益己、益人、益民族、益国家、益未来！

原国家教委主任柳斌曾说："一个不重视阅读的学生，是一个没有发展的学生；一个不重视阅读的家庭，是一个平庸的家庭；一个不重视阅读的学校，是一个乏味应试的学校；一个不重视阅读的民族，是一个没有希望的民族"。一个人的人文素养的优劣、综合素质的高低、个人能力的大小，很大程度上在于书

---

① 本文是作者 2014 年 6 月为学校暑假开展的"读经典书，做智慧人"活动撰写的倡议书。

籍的陶冶和读书的多寡。

全国政协委员、苏州市副市长朱永新以事例和数字论证阅读习惯之重。犹太人年人均阅读 64 本书，因酷爱阅读，犹太人亡而又兴；酷爱阅读的国度诞生了马克思、爱因斯坦，盛产诺贝尔奖得主。朱永新由此得出这样的结论："一个人的精神发展史就是他的阅读史。有阅读习惯的人的道德基准不会有大偏差，精神世界不会萎缩。一个民族的精神境界取决于公民整体阅读水平。人类精神延续主要为书。"

为此我们向全体同学提出"读经典书，做智慧人"活动倡议，我们相信，阵阵馥郁的书香，一定可以陶冶你优雅的气质，不俗的谈吐，一定能培养你高洁的情操、豁达的心志，一定会为你的成才之路提供不可估量的人生价值。"人生路漫长，读书才会赢"，让我们无限相信书籍的力量，在前人的肩膀上登高望远。让我们积极投入到读书活动中，把它作为一次新的耕耘与播种，让读书成为一种生活习惯，让读书成为一种生命需求，让迷人的书香飘溢在我们的校园和家园，在好书的陪伴下，我们向更精彩的人生迈进！

热烈祝贺 共同发展 相互交流①

尊敬的各位领导、各位专家、各位校长同仁：

大家好！

一元复始，万象更新。在这春风送暖、万物复苏的大好日子里，在上级领导的关心下，我市初中学校的校长们共聚一堂，在这里召开初中校长工作研究专业委员会一届二次会议，为百忙之中的校长们提供了一个调整放松、补脑充电的良好机遇，为辛勤耕耘的校长们提供增进了解、增加友谊、交流思想、畅谈体会、相互学习、共同提高的发展平台。在此，谨让我代表与会学校，向领导、专家、校长同仁的光临盛会表示衷心感谢，向大会的胜利召开表示最热烈的祝贺！

百年大计，教育为本。党和国家十分重视教育事业的发展，始终把教育工作放在优先发展的战略地位。俗话说："基础不牢，地动山摇"。在各项教育中，初中教育正是基础中的基础。在我市各项教育事业的可持续发展中，我们深切地感受到，广大家长、广大师生对优质初中教育的热切期盼。办好人民满意的初中教育，才能真正实现我市教育的和谐优质发展。教育发展的基石是学校，学校发展的灵魂是校长，只有优秀的校长，才能为教师的成长提供宽阔的舞台，才能为学校的发展奠定坚实的基础。因此，教育事业的发展，我们校长同仁们责任重大！建设一支教育思想端正、业务精湛、锐意进取、能胜任新形势下教育管理工作的名校长队伍，是我市当前教育改革与发展的当务之急！校长同仁们，让我们珍惜初中校长年会这一宝贵机遇，认真学习，主动参与，坦诚交流，

---

① 2010 年 2 月 10 日，永州市初中校长工作研究专业委员会一届二次会议（全市初中校长会议）在冷水滩海天大酒店隆重举行，本文是作者被选为永州市初中校长工作研究专业委员会副理事长时在会议上的致辞。

相信我们在感性与理性的智慧碰撞中，在自我反思与专家的引领中，教育理念大提升，办学思想大发展，专业水平大提高。

"有朋自远方来，不亦乐乎"。初中校长年会就是校长们交流情感的平台。我校双牌一中原是一所完全中学，2008年下期县委、县政府调整县城学校布局，现为完全初中教育学校。我校现有48个班级，251位教师，2571名学生。在县委、县政府的关心下，学校正健康快速发展。尽管学校的建设、管理、教育、教学尚有诸多不完善之处，但是热情好客的双牌一中2800名师生，热忱地欢迎各位领导、专家和各位校长到校指导工作，传经送宝！

"潮平两岸阔，风正一帆悬"。让我们以此校长年会为契机，在科学发展观的指引下，策马扬鞭，解放思想，与时俱进，开拓创新，共同开创我市初中教育的新局面，谱写我们永州初中教育的新篇章！

最后，让我们衷心地祝愿这次盛会圆满成功，祝各位领导、各位专家、校长同仁们身体健康，工作顺利，生活愉快，万事如意！

欲栽大木柱长天①

尊敬的各位家长、同学们：

大家好。

炎炎夏日，我们的多媒体教室里却传来阵阵沁人心脾的清凉。今天，我们有幸邀请到了我们学校毕业的蒋文兰、蒋慧敏、蒋晶、张浙、刘瑶、刘佳超等高考、中考中取得优异成绩的校友，有幸邀请到了在今年上期期末考试中优异成绩的各位同学和各位同学的家长，大家欢聚一堂，共同探讨优秀学生的学习方法和经验，这是我们学校的一大幸事。首先，让我代表学校 2800 名师生对蒋文兰、蒋慧敏、蒋晶、张浙、刘瑶、刘佳超等高考、中考中取得优异成绩的校友和在今年上期期末考试中考取优异成绩的各位同学和各位同学家长的到来表示最热烈的欢迎和最衷心的感谢！

我讲话的标题是"欲栽大木柱长天"，这句话来自前几年热播的介绍青年毛泽东的电视剧《恰同学少年》。讲的是毛泽东在湖南一师读书时，有一次，他的老师杨昌济先生为他们上课，上课的内容是谈各自的志向，毛泽东却站起来问杨先生说："老师，您要我们谈志向。您的志向是什么呢？"杨昌济老师略一沉思，在黑板上写下了七个大字："欲栽大木柱长天"。"欲栽大木柱长天"？什么意思？其意思就是决心以教书育人为天职，培养经国济世的国家的栋梁之材。正因为有杨昌济老师等人这样一大批优秀的教师，所以湖南第一师范培育出了

---

① 2014 年 8 月 2 日、3 日，学校邀请优秀毕业生：今年高考考取清华大学的蒋文兰同学，考取中山大学的张浙同学，考取西安交通大学的蒋晶同学；去年高考考取中山大学的蒋慧敏同学；今年中考参加优异的刘佳超、刘瑶同学，请他们回母校给初一、初二、初三以及今年毕业的初三学生举行了四场次的"优秀学生学习经验交流会"，本文是作者在"启动仪式"上的致辞。

大量的优秀人才，据不完全统计，湖南第一师范入选《辞海》的名人达 46 人。其前身城南书院入选《辞海》的师生代表有：张栻，黄兴，曾国藩，左宗棠，何绍基，贺长龄，罗泽南，郭嵩焘，王闿运，邓辅纶，张百熙，樊锥。一师入选《辞海》的教师有：徐特立，杨昌济，黎锦熙，杨树达，谢觉哉，周谷城，李达，田汉，辛树帜，夏丏尊，舒新城，陈子展，易白沙，皮锡瑞，谭延闿，王先谦。一师入选《辞海》的学生有：毛泽东，蔡和森，何叔衡，任弼时，李维汉，段德昌，袁国平，郭亮，夏曦，毛泽民，毛泽覃，张国基，罗学瓒，刘畴西，胡然，周鳌生，陶峙岳，陈天华。我们双牌一中 2008 年下期布局调整以来，全校教师职工也正是以"欲栽大木柱长天"为座右铭，致力于培育最优秀的初中学生。

如何培育最优秀的初中学生？这几年来我们做了如下几个方面的工作：我们办了实验班，将优秀的学生适当集中；组织学习古代经典知识，编写了《读古代经典导读读本》；双休日组织学生学习语数英理化生等奥赛知识；改每天七节课为八节课，每天一节体育课或阳光体育课，增强学生体质；搞新德育课题实验，培育德智体全面发展的优秀学生；对父母在外打工双休日不能回家的留守学生全天候管理……实践证明我们的工作是按照教育教学规律来做的。为什么呢？如组织学生读古代经典，北京市 2016 年的高考方案就明确，语文将加分到 180 分，初中还不读书，高中就没有时间读了，故今年放暑假的通知书中还向全体学生和家长发了《2014 年暑假全体同学参加"读经典书，做智慧人"活动的倡议书》；又如我们改每天七节课为八节课，每天一节体育课或阳光体育课，增强学生体质，今年 7 月 30 日教育部召开的会议上就明确：小学体育将要达到 4 节，初高中每周 3 节，足球列入中小学体育教学内容；还比如我们搞新德育课题实验，培育德智体全面发展的优秀学生，在今年 4 月教育部出台的深化教育改革方案中就明确了：立德育人，是教育工作的根本任务。按教育的规律办事，这才是真正的教育，才能培育真正的祖国建设的栋梁之材。

令人欣慰的是，全校教师职工的六年努力终于有了回报：我们的毕业生在高中的学习中成绩优异，高考中捷报频传。今年的 6 月 24 日中午 1 点钟，永州四中刚查到蒋文兰同学成绩就打来电话，报告蒋文兰同学考出 680 分裸分全省第 70 名的好消息，依此成绩可任选北大、清华。我抑制不住激动的心情，第一时间把这个特好消息告诉了学校的领导、老师以及主管的领导。在今年的中考中，双牌县10科900分以上的学生前50名全在我校，前105人我校90人，前200名我校167人。那天，有一位上了我校初中录取线的乡下同学的家长问：初中要不要到一中读？我们对他说的是：要考一流大学，还是到一中读稳妥。我们可以骄傲地说：我们培育的正是双牌最优秀的人才，他们就是我们双牌的栋梁之材，善待一中，就是善待双牌的未来！

成绩属于过去，在以后的教育教学中，如何培育最优初中学生？今天我们的主角是蒋文兰、蒋慧敏、蒋晶、张浙、刘瑶、刘佳超等高考、中考中取得优异成绩的校友和在今年上期期末考试中考取优异成绩的各位同学和各位同学的家长，学校在暑假召开优秀学生的学习经验交流会，只是给大家创设一个平台，其目的有二：一是，今年上期期末考试中考取优异成绩的各位同学向蒋文兰、蒋慧敏、蒋晶、张浙、刘瑶、刘佳超等高考、中考中取得优异成绩的校友互动，学习好的学习经验；二是，今后学校与家长如何联合起来将优秀的孩子培育得更优秀，将来涌现更多的清华、北大等一流名牌大学的学生，学校请各位家长和同学共献良策，填好《优秀学生学习经验交流会意见建议反馈表》，我们学校将从家长意见中，择善而用。这就是我们组织这次"优秀学生学习经验交流会"的目的。

总之，衷心感谢蒋文兰、蒋慧敏、蒋晶、张浙、刘瑶、刘佳超等高考、中考中取得优异成绩的校友和在今年上期期末考试中考取优异成绩的各位同学和各位同学的家长到来。祝在座的各位同学、家长、老师身体健康、学业有成、工作顺利、万事如意！

质量立校　科研兴校　我们在路上①

近年来，我校采取多项措施提升教育教学质量。现将我校教育教学情况向各位领导、同仁汇报如下，期抛砖引玉，向大家学习和请教；也是与兄弟学校共勉、共进、共赢。

一、质量立校，科研兴校，我们做了什么？

1. 常规教学常抓不懈。学校以制度规范教师的备教批辅，设计专门的教案本，明确每节课的三维目标和教学流程，备批辅定期检查与不定期检查相结合；实行推门听课，九年级课堂全查；每期期末都进行课堂教学评价，评出课堂教学最受学生欢迎的教师予以表彰和奖励；每年 10 月第一次月考后都召开学校教学工作专题会议，总结上一年度教学工作，安排下一年度教学任务，特别是对九年级定进入全市前 5000 名的优生和考入县二中的指标及三率在全市排名要求等，对优生的培养具体到班级、学生，并分配给科任教师，突击弱科；坚持月考制度，且每次月考必表彰和分析；奖优罚劣，统考、会考名次低于县五则评优评先、奖金全无；考查科目与考试科目同等排名打分；每年编写一本质量分析报告，老师人手一册，一年教学成绩一目了然。

2. 把学科组打造成提高全组教学水平的园地。名师出高徒，只有教师教育教学水平的快速提高，才会有教育教学质量的突飞猛进。学校为确保学科研组的教研时间，将周一至周五的上午和周一的下午各半天定为体艺、数学、英语、政史地、理化生、语文的专门的教研活动时间，这半天里全组的老师都无课。

---

① 2013 年学校教学工作取得优异成绩，被评为"双牌县教学质量先进单位"，本文是作者在"双牌县教育教学工作会议"上的发言。

为确保学科研组的内容，学校规定，每期各学科组必开展 12 次教研活动，每次 3 课时，共要达到 36 课时，学科研组研活动除听公开课外，还组织专题讨论、观摩录像课、学习课标、为外出的竞赛课磨课等等。扎实的教研组活动带来了全组教师的整体水平提升，近年来，我校语文组盘先甲、潘琳环、周李静、邓敏娟参加市语文教师素养大赛获市一等奖，何海云等 7 位老师在省级课堂教学比武中获大奖，20 余位老师在市级课堂教学比武中获大奖，龚晖等七位老师被评为永州市骨干教师，11 位教师被评为县学科带头人，20 位教师被评为县骨干教师，教师论文获市省级大奖者达 240 余人次。

3. 把备课组打造成为全面提升学科教学质量的主阵地。学校每一个年级有十六七个班级，任课教师多，为了充分发挥备课组的作用，学校规定备课组每周至少开展一次活动；教案一人主备，全组共享，个性化使用；为充分利用班班通，课件共用；教学进度相同；学情共同分析；特别是九年级的复习资料要共用。实践证明，备课组对全面提升学科教学质量具有重要作用。如我校 2011 届九年级政治备课组，在搞最后一次的押题资料时，三番五次讨论，硬是将六张背诵资料压缩为两张，而中考的多数要点都在其中，2011 届中考政治也获得了三率排全市第 15 名的好成绩。

4. 让留守学生学起来。留守学生最难管理，管不好，5 + 2 = 0。2008 年下期开始，我校尝试对留守学生集中管理，周六周日组织留守学生打球、下棋、郊游、看电影等等，但效果总不太好。2012 年下期我校对留守学生的管理加以改进，周六组织学生学习语文、数学、英语、理化生知识，周日除组织打球、下棋、郊游、看电影外，还组织看《三国演义》《红楼梦》等名著电视剧，这样既管理了学生，又让学生学有收获，得到了家长的肯定和大力支持，留守学生人数大增，2013 年下期达到近 400 人。

5. 通学生在校上晚自习。学校针对有的通学生回家不带书、晚上很少看书的情况，借鉴祁阳浯溪二中和我县兄弟学校的经验，尝试九年级通学生在校上晚自习，实施后，家长反响很好。本期到校晚自习的通学生达 340 多人。

6. 新德育保驾护航。纪律是质量提高的保证！为建设良好的校纪校风，学校自 2009 年上期开始实施新德育课题实验：对一个月里德智体全面发展、没被扣任何分的同学在校刊上表彰并发一个有表彰名单的奖励本。新德育课题实验通过养成教育、自我教育、赏识教育，让学生自我教育，自我管理。四年以来，新德育课题实验极大地促进了校纪校风的转变，也为学校赢得了诸多荣誉：学校 2011 年被评为湖南省安全文明校园，2013 年被评为湖南省综治工作先进单位，该课题 2012 年被评为县科技创新三等奖，2013 年被评为湖南省青少年思想道德教育创新案例奖，在省市初中校长会议上评为市一等奖、省二等奖，并收入会议资料向省市推介。

二、质量立校，科研兴校，我们有什么收获？

2013 年统考、会考，我校取得了较好的成绩。统考中多数学科排名在全县前三，其中八年级的数学、英语、政治、物理和七年级政治排名全县第一名；中考中，九年级语文、数学、历史、政治等排名前三，多数学科在市 320 余所学校排名中居前 50 位，学校中考全科优秀率排第 42 位，合格率排第 52 位，平均分排第 39 位，综合排名 38 位；若去掉后 100 名，则三率可排全市第 10 位，为我县中考合格率排全市第一做出了一个人数较多的学校应做的贡献。同时，我们欣喜地看到，一批青年教师茁壮成长，他们是学校最鲜活的生产力！

三、质量立校，科研兴校，我们的几点感悟。

1. 学校的中心工作是教学。教育教学质量是学校的生命线，是立校之本、发展之基，提高教育教学质量是学校所有工作的出发点和落脚点，是师生赢得尊严和幸福的保证。提高教育教学质量是教师应尽的职责，是学校办人民满意的教育的具体体现。品牌学校要以高质量为保证，没有质量的学校不可能是家长认可、社会认同的好学校。

2. 素质教育不是不要考试。考试是学生应具备的重要素质，也是衡量学生素质的重要手段。在学生的所有素质中，科学文化知识是其中的核心素质。要坚定不移地用好考试这个工具，实践证明，我县的教育教学质量连年提升，高考、高中学业水平考试、中考在全市均排名前列，全县统考功不可没。

3. 教师素质的高低在教育教学质量上起决定性的作用。百年大计，教育为本；教育大计，教师为本。教师在整个教育教学中起着重要的作用。只有高素质的教师，才有高素质的学生；只有高素质的教师，才有高素质的教育。所以教师素质高低，直接影响着学生的一切。教师素质是教师完成教书育人工作所应具备的基本条件和应有的稳定的品质。教师素质中师德当为核心。师德是学校德育工作的基石，师德为树人之本。

4. 提高教育教学质量的主渠道在课堂的 45 分钟。学生从小学到高中毕业的学习过程就是由 15000 多节课组成的，如果他有幸碰上的都是好老师，节节课都是优课，那他的生命将是多么的璀璨精彩，正因此，新课改将课堂叫作"知识的超市，生命的狂欢"。优秀教师的好课总是让学生回味终生，而庸师的劣课、庸课却让学生批评一生，从某种意义上说，庸师与庸医一样让人无法容忍。

5. 提高教育教学质量是学校的系统工程。绝不是学校教务处一个处室的事，而是学校所有处室和全校师生的共同努力的结晶。

叶圣陶先生说的好，"在教师手里操着幼年人的命运，便操着民族和人类的命运"。我们广大教育工作者就应该有"捧着一颗心来，不到半根草去"的高尚情操，为办好人民满意的教育而努力奋斗！

附一：本书未收录的曾发表文章存目

1. 《刚柔共存的"明镜"——评〈金刀记〉中的魏征形象》发表于零陵地区文联主办刊物《潇湘文艺》1987 年第 1 期。

2. 《屈麻子智斗"小气鬼"》入选《双牌县民间故事集成》（1988 年吕定禄主编）。

3. 《南宗禅与湖湘文化》发表于湖南省社会科学界联合会主办的《船山学刊》1995 年第 2 期。

4. 《怎一个"钱"字了得》发表于 1997 年 9 月 5 日《作文评点报》高中版。

5. 《封闭，还是开放》入选《永州市中小学生优秀作文选》第一篇（1998 年 12 月陕西旅游出版社出版）。

6. 《封闭，还是开放》发表于 1999 年 10 月 20 日《作文评点报》高中版第 20 期（总第 124 期）。

7. 《盼》（卢璟）发表于中国青少年写作研究会会刊《作文报》（1998 年 12 月出版）。

8. 《中小学管理要以人为本》发表于湖南科技学院（原名零陵学院）主办的《零陵学院学报》2005 年第 2 期。

9. 《课堂教学中态势语的优化》发表于永州市教育委员会主办的《教育园地》（1996 年第 3 期）。

10. 《班主任要做转化潜能生的有心人》发表于永州市教育委员会主办的《永州教育》（1997 年第 3 期）。

11. 《办好班报 四方受益》发表于零陵地区教育委员会主办的《教育园地》（1995 年第 4 期）。

12. 《双牌一中扶助贫困学生》发表于 2001 年 2 月 15 日《永州日报》。

13. 《双牌一中连续五年订阅环保报》发表于 1999 年 11 月 20 日《环境保护报》。

14. 《走向教育家，教育工作者的神圣使命与不懈追求》发表于团结出版社 2014 年 7 月出版的《中国名校成功之路》。

附二:《思考型教师的感悟》目录^①

序:教育逐梦人　人生感悟录

文化篇

南宗禅与湖湘文化

以党的十七届六中全会精神为引领推动校园文化大发展大繁荣

为未来培育一批伟大的孩子为孩子准备一个伟大的未来

管理篇

中小学管理要以人为本

怎样做一个优秀的中小学校长

教育篇

东方风来满眼春:基础教育热点解读

走向教育家:教育工作者的神圣使命与不懈追求

做最温暖的教育工作者

走近魏书生走进魏书生走过魏书生

卓越教师的 N 项修炼

---

① 《思考型教师的感悟》是作者的第一部专著,该书 2013 年 10 月由国家行政出版社出版,2015
年被评为"永州市第六届哲学社会科学优秀成果"二等奖(已公示)。该书是作者从教 30 年
以来对文化、学校管理、教育、教学、生活的感悟及其主持编写的校本教材的序言,书中文
章有些曾发表于专业刊物,有些曾获省市级奖励,对当前的教育工作者具有十分重要参考价
值,故结集出版。

规划教育生涯成就精彩人生

热爱事业成功的原动力

我思故我在做一个思考型的教育者

我研故我进以教育科研解放教育生产力

做大气教师办大气教育育大气学生

班主任要做转化潜能生的有心人

教学篇

导改评议结五步作文互改课的设计

以美育美实验教学的美感效应

浅谈语文课堂教学中的提问艺术

课堂教学中态势语的优化

课堂深深深几许：无效教学行为之林林总总

新职称评审的特点和要求

生活篇

感悟感恩：滴水之恩涌泉相报

感悟厚德：德者才之帅也

感悟团结：团结就是力量团结就是大局团结就是智慧

感悟阅读：一个人的精神成长史就是他的阅读史

学生篇

每天锻炼一小时健康工作五十年幸福生活一辈子

播种习惯收获命运

读古代经典铸人文精神做时代新人

建设高效课堂提高教学质量培育最优学生

书山有路勤为径学海无涯乐作舟

今天你以学校为荣明天学校以你为荣

余篇

刚柔共存的"明镜"

屈麻子智斗"小气鬼"

棋（外三首）

封闭还是开放

怎一个"钱"字了得

"书读百遍，其义自见"质疑

爸爸是养路工人

那光真美

辩论：一屋不扫何以扫天下／一屋不扫可以扫天下

跋：走吧

跋：跋涉耕耘　向教育家阵营前进①

——与广大教育工作者共勉

　　百年大计，教育为本；教育大计，教师为本。习近平总书记在《做党和人民满意的好老师——同北京师范大学师生代表座谈时的讲话》中说："教育是提高人民综合素质、促进人的全面发展的重要途径，是民族振兴、社会进步的重要基石，是对中华民族伟大复兴具有决定性意义的事业。""自古以来，中华民族就有尊师重教、崇智尚学的优良传统，正所谓'国将兴，必贵师而重傅；贵师而重傅，则法度存'。"人民教育家陶行知说："在教师手里操着幼年人的命运，便操着民族和人类的命运"。教师担负着"传道、授业、解惑"的神圣使命，影响着人类社会的未来。在中国教育现代化的启蒙时代，陶行知在其《第一流的教育家》中，振臂向国人呼唤："中国教育现代化需要有创造精神和开辟精神的第一流的教育家。"温家宝总理在 2003 年教师节会见教师代表时提出"教育家办学"的方针，在 2007 年《政府工作报告》中更明确提出要大力倡导教育家办学，"要培养一支德才兼备的教师队伍，造就一批杰出的教育家"，指出要让懂教育的教育家办教育，只有教育家办教育才是真正的教育；把教育交给热爱教育事业的人，把教育交给懂教育规律的人，把教育交给教育第一线的人。2010 年《国家中长期教育改革和发展规划纲要（2010～2020）》又提出："创造有利条件，鼓励教师和校长在实践中大胆探索，创新教育思想、教育模式和教育方法，形成教学特色和办学风格，造就一批教育家，倡导教育家办学。"

---

　　① 本文发表于 2015 年第 4 期《教学与研究》，原标题为《走向教育家，教育工作者的人生理想与不懈追求》。录此文为跋，意为与广大教育工作者共勉，跋涉耕耘，向教育家阵营前进！

一说起教育家，我们会觉得仰之弥高，可望而不可即，想到的是孔子、韩愈、朱熹、蔡元培、陶行知、柏拉图、苏格拉底、夸美纽斯、赫尔巴特、杜威、苏霍姆林斯基等等。没错，这样的大家肯定是教育家，但如果以此为标准，全世界就没有多少教育家。在社会上被称为画家、歌唱家、艺术家甚至美食家的人比比皆是，就是教育家凤毛麟角。"家"是什么？《新华字典》中的解释是"从事某种工作或具有某种专门知识技能的人"。以此衡之，可以被称为教育家的人也应该很多很多：在国家教育行政部门、高等院校和科研院所的可以是战略型、理论型教育家，在地方教育部门和中小学校的可以是管理型、教学型教育家。教学型教育家就是普通教师，他们工作在教育第一线，为培养人才孜孜以求，成绩卓然。古代的孔子，当代的魏书生、斯霞、霍懋征、李吉林等等，就是教学型教育家。

什么样的教育工作者才能称得上是"教育家"？中国教育学会会长顾明远和原武汉大学校长刘道玉的论述都值得参考。顾明远先生在京师教育论坛上指出，很多教师一辈子从事教育工作，培养一大批人才，而且有教育思想，有自己的教育风格，这就是教育家。他认为教育家有三条标准：要长期从事教育工作，热爱教育，热爱孩子，一辈子献身于教育事业，把教育作为一个毕生的事业；要在工作中肯于钻研，敢于创新，有自己的理论见解和思想体系；要工作出色，经验丰富，有自己教育风格，在教育界有一定影响，被广大教师所公认。刘道玉先生认为，教育家必须具备五个条件：执着地热爱教育——一个不爱教育的人不可能成为教育家；潜心研究教育理论；勇于进行教育改革、创新的实践；能够提出独到的教育理念；出版有系统的、有代表性的教育论述。

什么样的教育工作者才能成为"教育家"？

要立志。成为教育家的教师有崇高的理想与追求，远离浮躁，树立矢志不渝、终身从教的理想，牵引自己不断攀登个人潜能的高峰。理想是人们奋斗的目标。理想是远航的标灯，人的一生无论从事什么职业，都需要有高远的志向的牵引，有了它才有了前进的航向。陶行知之所以能成为中国一流的教育家，首先就在于他少小立志，教育救国，拯救中华，"为中国做出一番大事业来"。他在1915年入读哥伦比亚大学师范学院时，曾明确地表露了这种教育救国的志向："我的毕业志愿是，通过教育而非武力来创建一个民主国家……我坚信，没有真正的公共教育就不可能有真正的共和国。"因此，"我回国后将与其他教育工作者合作，为我国人民建立一套有效的公共教育体制"，"我要使全中国人都受到教育"。

要热爱。习近平总书记在《做党和人民满意的好老师——同北京师范大学师生代表座谈时的讲话》中说："做好老师，要有仁爱之心。教育是一门'仁而爱人'的事业，爱是教育的灵魂，没有爱就没有教育。好老师应该是仁师，没有爱心的人不可能成为好老师。"教师对教育事业要具有强烈的责任感和深厚的感情，有热爱学生、诲人不倦的情感和爱心。

要合作。合作，才能形成取长补短、相携互助的协作氛围，才能双赢共进，共创美好前景。知识经济时代，单枪匹马闯天下"孤胆剑客"难成大事，携手并肩走天涯"联手合作"方能开创伟业。科学技术突飞猛进，行业、学科之间等的分工越来越精细，每个人所涉猎得知识及能力，相对浩瀚的知识海洋及纷繁复杂的世界而言是有限的，所以要成就一番伟业，必需多方合作；合作是一种智慧的聚合，采众家之长，优势互补，众人划桨开大船，团结就是力量，"1+1>2"，这种力量推动着社会不断向前发展。

要学习。向书本学习，向大师学习，向同伴学习，向学生学习，向生活学习。学会学习，与时俱进；终身学习，苦耕不辍。学习是一生一世的事，是现代人的第一需要。从某种角度说，学习已经成为每个现代人的生存和发展格调。只有学会学习，我们才能当今社会大潮中搏风击浪，勇往直前。

要研究。学会研究，探索反思，养成勤于思考，勇于创新的习惯，努力做专家型教师。"教师即研究者"是国际教师专业发展的重要理念。教师要想获得持续性发展，适应教育改革的要求，就必须在自己的从教生涯中不断地反思，不断地研究，不断地改进。教育研究是采用科学的方法，对教育现象和教育实践中的事实，进行了解、收集、整理、分析，从而发现和认识教育现象的本质和客观规律。且行且思，边走边思考，苏格拉底说："未经省察的人生没有价值。"省察什么意思？反思！华东师范大学著名教授叶澜老师说："一个老师写三年教案，成不了名师；坚持写三年反思，就有可能能成为名师。"反思的价值就在于，让我们不断停下前进的脚步，反思自己的优势和劣势，反思自己的得失，重新整理，重新前进。反思有一个元素，就是拿起笔来记录自己的思考，几年下来，你就会发现自己积累了一大笔宝贵的财富。

　　像教育家一样有理想，像教育家一样关注教育，像教育家一样关注教育改革，像教育家一样关注教学和科研，像教育家一样思考教育，像教育家一样行走，你就会像教育家一样茁壮成长！"没有最好，只有更好。"澳柯玛这样说；"做最好的自己！"我们对学生说；"做最好的教师！"我们对自己说！人们常说：不想当将军的士兵不是好士兵。走向教育家应是教育工作者，特别是青年教育工作者的神圣使命和不懈追求！